Peter Hobbs

# Professionelles Projektmanagement

Aus dem Englischen
übertragen von Anette Böckler



mvg

Die Deutsche Bibliothek – CIP-Einheitsaufnahme

**Hobbs, Peter:**
Professionelles Projektmanagement / Peter Hobbs.
Aus dem Engl. übers. von Anette Böckler. – 2. Aufl. –
Landsberg am Lech : mvg, 2001
(Workline)
Einheitssacht.: Project management >dt.<
ISBN 3-478-86014-8

2. Aufl. 2001



Gesamtgestaltung: Karin Büchner, München
Umschlagabbildung: Gettyone-stone: Ralph Mercer
Satz: Fotosatz H. Buck, Kumhausen
Druck- und Bindearbeiten: Himmer GmbH, Augsburg
Printed in Germany 86014/401302
ISBN 3-478-86014-8

# Inhalt

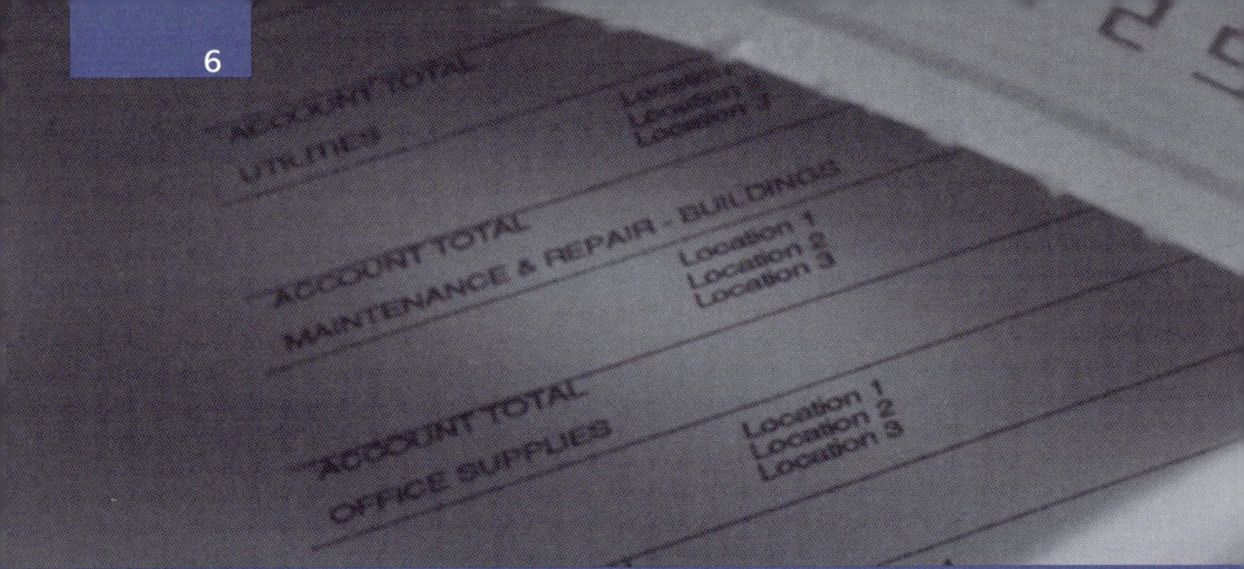


***Wie schaffe ich es, dass alles nach Plan läuft?***

***Wie viel Zeit kann ich darauf verwenden?***

***Für wen ist mein Projekt relevant?***

# 1

## Projekte identifizieren

## Prioritäten setzen

## Rollen verstehen

## Assessment in eigener Sache

# Was ist ein Projekt?

Frage: Welche Gemeinsamkeit besteht zwischen der Chinesischen Mauer, der Decke der Sixtinischen Kapelle, der Mondlandung von Apollo II, den Olympischen Spielen, dem 1985er Live Aid-Konzert, Microsoft Windows und Viagra?
Antwort: Es sind die Ergebnisse von erfolgreichen Projekten.
Jegliche Arbeit ist als Projekt zu betrachten, wenn damit

ein definiertes Ziel,

Ressourcen (Mitarbeiter und meist auch andere Ressourcen) und

ein Zeitplan

verbunden sind.
Bei Projekten kann es darum gehen, ein gewünschtes Resultat zu erzielen – sei es, Profit zu machen oder eine Brücke zu bauen, oder darum, eine vorteilhafte Veränderung herbeizuführen, indem man vielleicht neue, effizientere Arbeitsverfahren entwickelt.

## Die Größe spielt keine Rolle

Zwar können bei hochkarätigen Projekten die Mitarbeiter durchaus in Hunderten, der Zeitplan in Jahren und das Budget in Milliarden bemessen sein, aber die Projektmanagement-Prinzipien, die für solch ein Mammutprojekt gelten, sind dieselben wie für ein Projekt, das lediglich zwei Wochen in Anspruch nimmt und für das Ihnen lediglich ein Kollege mit einem Teil seiner Arbeitszeit und überhaupt kein formales Budget zur Verfügung stehen.

Die Werkzeuge und Techniken, die in diesem Buch vorgestellt werden, werden Ihnen helfen, Ihre Projekte erfolgreich zu bewältigen. Sie können auf ein Projekt beliebigen Ausmaßes angewandt werden und sind in jedem Falle relevant: Ob Projektmanagement nun Ihre einzige Aufgabe ist oder nur ein Nebenjob; ob Sie vorwiegend auf sich allein gestellt sind oder ein großes Team managen; und unabhängig davon, ob Sie einen Computer und ein Projektmanagement-Programm zur Verfügung haben.

## SOLLTEN SIE IHRE FÄHIGKEITEN AUSBAUEN?

Nehmen Sie sich einen Augenblick Zeit und überlegen Sie, ob eine der folgenden Aussagen auf Sie zutrifft. Wenn ja, wäre eine Verbesserung Ihrer Projektmanagement-Fähigkeiten für Sie von Vorteil.

- Es gibt etwas, was ich im nächsten Monat/in den nächsten sechs Monaten/im nächsten Jahr erreichen möchte.
- Zu meiner Arbeit gehört, mich mit großen und komplexen Aufgaben herumzuschlagen.
- In meinem Umfeld gibt es das eine oder andere, das man verbessern könnte.
- Die Leute, mit denen ich zu tun habe – in der Arbeit und zu Hause –, sehen in mir eine Führungspersönlichkeit.
- Es fällt mir schwer, Ideen in Handlungen umzusetzen.
- Um das zu erreichen, was ich erreichen möchte, brauche ich Mitarbeiter.
- Ich führe den Vorsitz bei Besprechungen, in denen mir die Leute erklären, warum Aufgaben nicht erledigt wurden, und mich mit unrealistischen Versprechungen bezüglich der Zukunft abspeisen.

# Kritische Faktoren

Alle Projekte beinhalten die drei Faktoren Zeit, Kosten und Qualität. Welcher davon der wichtigste ist und welcher weniger wichtig, wird von Projekt zu Projekt verschieden sein. Lautet das Projektziel beispielsweise: Gewinn machen!, wird man hohe Priorität darauf legen, die Kosten möglichst niedrig zu halten.

In manchen Fällen ist einer der drei Faktoren durch die Umstände vorgegeben; dieser Faktor kann daher als „kritisch" für den Erfolg bezeichnet werden. In der Praxis müssen selbstredend alle drei Elemente stimmen, wenn ein Projekt als erfolgreich betrachtet werden soll.

## Kritischer Zeitfaktor

Projekte, die ein Ereignis planen, beinhalten in der Regel einen kritischen Zeitfaktor. Geht es etwa um eine Gewerbeausstellung, ist an der Deadline nicht zu rütteln, weil der Ausstellungstermin von Anfang an feststeht. Immerhin hat man eine Örtlichkeit gebucht und den Termin bereits im weiten Umfeld publik gemacht. Unter diesen Umständen steht die Verschiebung der Deadline, und sei es nur um einen Tag, schlicht und einfach nicht zur Debatte.

## Kritischer Qualitätsfaktor

Bei manchen Projekttypen muss das Resultat unbedingt einen bestimmten Qualitätsstandard erfüllen, selbst dann, wenn dies höhere Anforderungen an Zeit und Kosten stellt. Beispiel: Bei technischen und medizinischen Projekten darf ein Produkt erst dann auf dem Markt zugelassen werden, wenn gewisse Qualitätsstandards erreicht sind.

## Kritischer Kostenfaktor

Die meisten kommerziellen Projekte beinhalten einen kritischen Kostenfaktor. Der mit dem Auftraggeber ausgehandelte Preis entscheidet über das Budget und ein Projekt ist nur dann erfolgreich, wenn es dieses Budget nicht überschreitet. Bei einem fixen Preis kann die Überschreitung des Budgets dazu führen, dass das Projekt zu einem Draufzahlgeschäft wird.

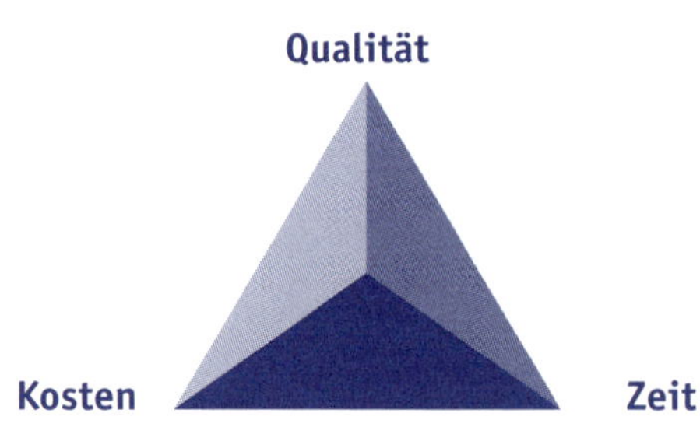

# Wo finden Projekte statt?

Mit Projektmanagement hat man üblicherweise im Geschäftsleben zu tun. Bei Projekten geht es jedoch darum, vorteilhafte Veränderungen herbeizuführen, und deshalb spielen sie sich überall dort ab, wo Menschen etwas zu erreichen versuchen.

## Karitative Organisationen

Karitative Organisationen bleiben nur dadurch lebensfähig, dass sie durch irgendwelche Aktionen auf sich aufmerksam machen und Spendengelder erhalten.

## Sport

Über den Austragungsort der Olympischen Spiele wird mittlerweile bereits sieben Jahre im Voraus entschieden, damit die gastgebende Stadt die Vorbereitungen bewältigen kann; diese erfordern die koordinierte Zusammenarbeit von Tausenden von Leuten.

## Politik

Kampagnen für Nationalwahlen dauern in den meisten demokratischen Ländern zwischen drei und sechs Monaten. Doch die Planung im Vorfeld und die Beschaffung der Geldmittel – beides für den Erfolg unabdingbar – beginnen bereits Jahre davor.

## Technik

Ob eine Straße, eine Leiterplatte, ein Schiff oder ein Flugzeug gebaut werden soll – die Projektsequenz ist immer von gleicher Relevanz.

## Forschung und Entwicklung

Universitäten erhalten Gelder für sehr eng definierte Forschungsaufträge. Große Unternehmen haben eigene Abteilungen für Forschung und Entwicklung mit dem Ziel, an Projekten zu arbeiten, die ihnen einen künftigen Wettbewerbsvorteil verschaffen.

## Zu Hause

Wir alle führen in unserem Alltag ständig irgendwelche Projekte durch. Größere Renovierungsarbeiten am Haus, die Organisation des Urlaubs oder die Planung einer Überraschungsparty für ein Familienmitglied sind beispielsweise Projekte, die durchaus Zeit, Ressourcen und Resultate beinhalten – auch wenn wir uns dessen gar nicht bewusst sind.

In einer zunehmend wettbewerbsorientierten globalen Wirtschaft werden diejenigen Unternehmen florieren, die sowohl über eine Vision als auch über eine Flexibilität verfügen: die Vision, die Bedürfnisse ihrer Kunden zu erkennen, und die Flexibilität, diese Bedürfnisse so vollständig, schnell und kosteneffektiv als möglich zu erfüllen. Die Unternehmen der Dienstleistungsbranchen haben veraltete Managementhierarchien durch neue, flexiblere Strukturen ersetzt, die es ermöglichen, Projektteams aus Mitarbeitern verschiedener Abteilungen zusammenzustellen und sich auf den Bedarf des Kunden zu konzentrieren.

# Projekte und Prioritäten

**Wenn Sie am Arbeitsplatz Prioritäten setzen, müssen Sie Wichtigkeit und Dringlichkeit gesondert erwägen. Dringlichkeit ist nicht gleichbedeutend mit Wichtigkeit.**

Häufig ist die Rolle des Projektmanagers „nur" ein Nebenjob, den Sie zusätzlich zu Ihrer eigentlichen Arbeit erledigen müssen. Unter diesen Umständen besteht eine der Herausforderungen darin, sich angesichts der dringenden Forderungen, die jeden Tag neu an Sie herangetragen werden, nicht zu verzetteln, sondern auf das Wesentliche konzentriert zu bleiben.

## Reaktives und proaktives Arbeiten

Jeder Beruf stellt eine Kombination von reaktivem und proaktivem Arbeiten dar. An jedem einzelnen Tag werden Aufgaben auf Sie zukommen, die augenblicklich angegangen werden müssen – Telefongespräche oder dringende Kundenanfragen beispielsweise. Parallel dazu laufen bei den meisten Leute auch längerfristige Entwicklungsaufgaben. Sie sind zwar heute noch nicht dringend, werden es aber irgendwann sein ... man muss sie nur lange genug liegen lassen. Die maximale Produktivität am Arbeitsplatz erzielt man daher, indem man auf proaktive Weise vorausplant.

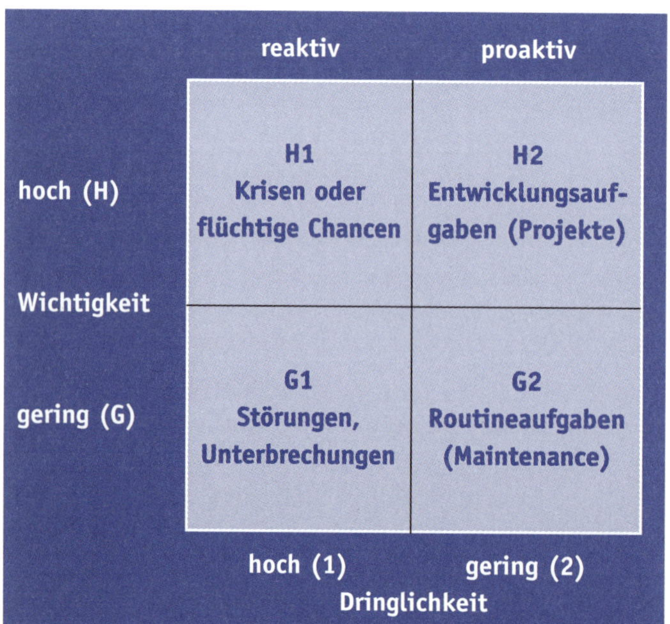


## Die richtige Balance

In nebenstehendem Diagramm ist dargestellt, in welchem Verhältnis Wichtigkeit und Dringlichkeit zueinander stehen und wie sich Aktivitäten kategorisieren lassen. Die richtige Balance zwischen den vier Quadranten zu erreichen ist für gutes Zeitmanagement von zentraler Bedeutung. Zwar beinhalten Projekte immer Elemente aus allen vier Quadranten, doch sollten sie in ihrer Ganzheit als Aufgaben hoher Wichtigkeit und geringer Dringlichkeit (H2) betrachtet werden. Es kann passieren, dass sie zwischenzeitlich den zweiten Platz hinter einer hoch brisanten, sehr wichtigen Krise (H1) einnehmen müssen. Lassen Sie jedoch keinesfalls zu, dass sie von irgendwelchen Störungen der Kategorie G1 (z. B. ein unwichtiges Telefongespräch) in die dritte Position zurückgedrängt werden.

## Proaktiv statt reaktiv

Wenn Sie im Berufsleben ein Projekt übernehmen und nicht wollen, dass es ständig zuunterst auf Ihrer Prioritätenliste dahinkümmert, müssen Sie es proaktiv angehen:

Nehmen Sie ein Projekt nur dann an, wenn Sie bereit sind, für seine Realisierung gewisse Opfer zu bringen.

Lassen Sie sich in der Planungsphase Zeit für die Überlegung, was alles getan werden muss und wie viel Zeit wofür zu veranschlagen ist.

Wenn Sie den Zeitplan für Ihr Projekt ausarbeiten, dürfen Sie die Zeit nicht vergessen, die Sie erfahrungsgemäß für reaktive Arbeiten benötigen.

Planen Sie reguläre Zeitblocks für Projektarbeit ein. Ordnen Sie diesen Blocks konkrete Aufgaben zu.

Bitten Sie Ihre Geschäftsführer und Kollegen um Mithilfe. Erläutern Sie Ihr Projekt und besprechen Sie seine Implikationen für Ihren eigenen Arbeitsbereich und den der anderen.

Finden Sie jemanden, der als Ihr „Projekt-Coach" agiert, der also hilft, Ziele zu setzen, Probleme zu lösen und den Fortschritt zu verfolgen.

### ASSESSMENT IN EIGENER SACHE

1. Listen Sie auf, mit welchen Aktivitäten Sie im Verlauf eines typischen Arbeitstages beschäftigt sind. Notieren Sie ganz einfach die Aktivität und wie viel Zeit Sie dafür benötigen.

2. Zeichnen Sie eine Matrix aus vier Quadranten (etwa wie auf der vorhergehenden Seite) und ordnen Sie jede einzelne Aktivität gemäß Wichtigkeit und Dringlichkeit einem der Quadranten zu.

3. Berechnen Sie, wie viel Prozent Ihrer Zeit Sie mit welchem Quadranten verbringen.

4. Addieren Sie den Prozentsatz der Quadranten hoher Dringlichkeit (H1, G1) – und Sie wissen, welchen Anteil Ihrer Zeit Sie mit reaktiven Arbeiten zubringen. Wir bezeichnen diesen Anteil als Ihren „Reaktivitäts-Quotienten".

#### Interpretation des Ergebnisses

Verschiedene Arbeiten enthalten naturgemäß unterschiedlich hohe Anteile an reaktiver Arbeit. Jemand, der unmittelbare Hilfe für irgendwelche Krisensituationen organisiert, hat mehr reaktive Arbeiten zu verrichten als ein im Forschungsbereich tätiger Wissenschaftler. Wenn Sie jedoch Ihren Reaktivitäts-Quotienten kennen, haben Sie damit eine fassbare Grundlage für die Kalkulation der Zeit, die Sie für die Abwicklung einer proaktiven Aufgabe benötigen. Beispiel: Bei einem Reaktivitäts-Quotienten von 75 % werden Sie eine Arbeit, die zwei Stunden in Anspruch nimmt, nach acht Stunden abgeschlossen haben.

# Der Projektzyklus

Projektmanagement in seiner einfachsten Form besteht in einer logischen Folge von Aktivitäten, die unabhängig von den Umständen immer dieselbe bleibt:

## Definition

Der erste Schritt besteht darin, sich klar zu werden, was Sie erreichen wollen, bis wann Sie es erreichen wollen und welche Kostenlimits Sie einhalten wollen. Man bezeichnet diese Phase auch als „Scoping" (den Rahmen abstecken) oder „Spezifikation". Es ist die Phase, in der Sie über die relative Wichtigkeit von Zeit, Kosten und Qualität entscheiden.

## Planung

Die meisten Projekte setzen sich aus einer Reihe von Aufgaben zusammen. Durch die Planung wird sichergestellt, dass Sie eine klare Vorstellung davon haben, worum es sich dabei handelt und welche Reihenfolge sich anbietet. Die Planung schafft auch die Möglichkeit, sich nochmals zu vergewissern, dass das Projekt mit einiger Wahrscheinlichkeit definitionsgemäß realisiert werden kann. Die Planungsphase kann ein Stück weit eine Wiederholung der Definitionsphase darstellen: Durch den Plan wird ja erst klar, was innerhalb der Zeit- und Kostenlimits möglich ist.

## Implementierung

Sobald der Plan steht, können Sie beginnen, auf Ihr Ziel hin zu arbeiten. Der Implementierungsprozess beinhaltet auch Möglichkeiten, den Fortschritt zu verfolgen und den Plan, wo nötig, zu korrigieren. In dieser Phase werden Kommunikation und Management im Personalbereich sehr wichtig.

## Übergabe (Handover)

Das Projektresultat muss an die Endverbraucher übergeben werden. Das sind die Leute, die damit umgehen werden. Diese müssen normalerweise an irgendeinem Punkt ihr Verhalten umstellen und eventuell neue Fertigkeiten erlernen. Alles, was damit zusammenhängt, wird in der Übergabephase abgewickelt.

## Rückschau

Projekte sind eine hervorragende Möglichkeit des Lernens, sowohl für den Einzelnen als auch für das Unternehmen. Den maximalen Lerneffekt erzielen Sie, indem Sie Rückschau halten auf die geleistete Arbeit. Fragen Sie sich, was Sie objektiv gelernt haben, und leiten Sie Schritte in die Wege, das Gelernte in künftigen Projekten anzuwenden.

# Projektrollen

Wenn man Sie bittet, ein Projekt zu übernehmen, wird eine Ihrer Hauptaufgaben wahrscheinlich darin bestehen, die Tätigkeiten eines Teams zu koordinieren. Sie werden festlegen müssen, wer in Ihrem Projekt welche Rolle übernimmt und wer daran in irgendeiner Weise beteiligt ist. Dabei ist als Beteiligter (engl. *Stakeholder*) jeder zu betrachten, der Projektverlauf oder -ergebnis beeinflussen kann, sowie jeder, der vom Projektverlauf oder -ergebnis beeinflusst wird. Die Beteiligung kann positiv, neutral oder negativ sein. In einem Projekt zur Neuorganisation eines Unternehmens beispielsweise werden die Leute, die mit einer Beförderung rechnen, im Allgemeinen positiv einwirken; wer hingegen eine schlechtere Position erwartet, neigt eher zu einer negativen Haltung.

In unten stehendem Diagramm sind die Rollen genannt, die Ihr Projekt beinhalten könnte. In manchen Fällen wird eine Person mehrere Rollen auf sich vereinen. Von den in der Abbildung gezeigten Beziehungen sind diejenigen zwischen Projektmanager und Projektsponsor sowie zwischen Projektmanager und Abnehmer/Endverbraucher die wichtigsten. Eine schlechte Kommunikation in diesem Bereich erhöht das Risiko eines unbefriedigenden Resultats.

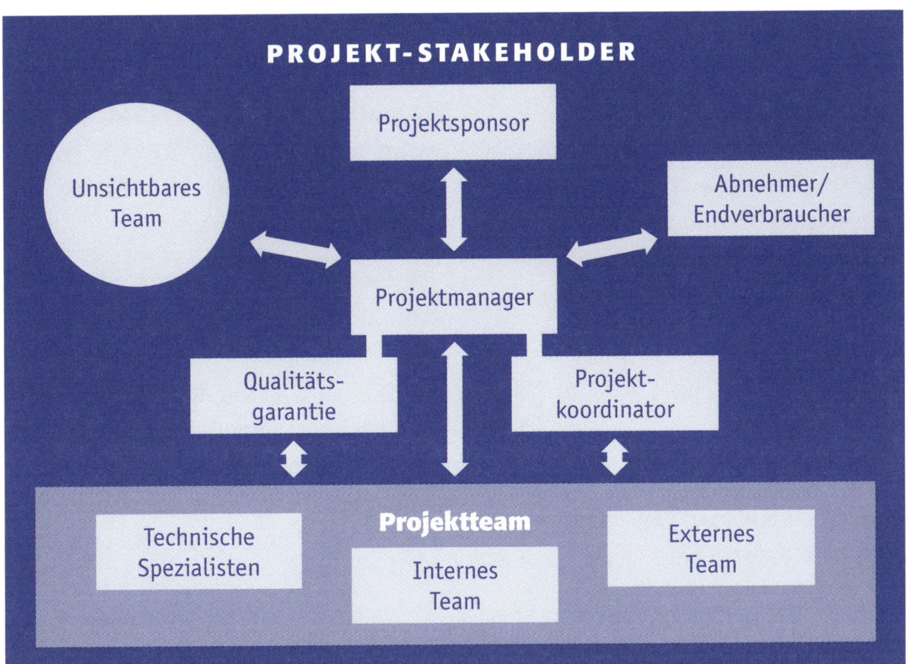

# Der Projektsponsor

Der Projektsponsor ist derjenige, der die Entstehung und Durchführung des Projekts autorisiert. Ferner obliegt ihm die Entscheidungsgewalt über die Ressourcen, die für eine erfolgreiche Projektabwicklung erforderlich sind. Der Sponsor sollte sich innerhalb der Stakeholder-Gruppe für das Projekt einsetzen und für den Projektmanager und das Projektteam als Mentor agieren.

## Die Aufgaben des Sponsors

Der Sponsor ist an allen Projektphasen beteiligt. Insbesondere sollte er

der Projektspezifikation zustimmen und jegliches Projektdefinitionsdokument gegenzeichnen;

sämtliche Initialpläne überprüfen;

ein Eskalationsverfahren vereinbaren (darunter versteht man eine Regelung, unter welchen Umständen der Sponsor informiert oder einbezogen werden muss, wenn die Dinge schief laufen);

während der Implementierungsphase regelmäßig den Fortschritt des Projekts kontrollieren;

sämtliche Veränderungen des Projektrahmens während der Implementierungsphase autorisieren;

den Qualitätsbericht erstellen oder überprüfen;

die Übergabe des fertig gestellten Produkts autorisieren;

den abschließenden Projektrückschaubericht erstellen oder überprüfen.

Der Sponsor ist der Einzige, der ein Projekt abschließen kann.

## Die Wahl eines Sponsors

Wenn der Projektmanager seinen Projektsponsor selbst bestimmen kann, sollte er vor allem auf dessen Verfügbarkeit und Autorität achten.

Der ideale Sponsor sollte bei Bedarf jederzeit zu sprechen sein und über genügend Zeit verfügen, um sich dem Projekt mit aktivem Interesse zu widmen.

Je mehr der Sponsor innerhalb des Unternehmens zu sagen hat, desto weniger wahrscheinlich ist, dass Ihr Projekt auf Widerstand stoßen wird.

Im Normalfall muss zwischen diesen beiden Faktoren ein gewisser Kompromiss geschlossen werden. Sponsoren in hoher Position sind häufig zu beschäftigt, um sich im Detail über den Forschritt eines Projekts zu informieren. Sponsoren in niedrigerer Position haben zwar in der Regel mehr Zeit, aber oft genug fehlt es ihnen an der nötigen Autorität, um von wirklich allen Stakeholdern ernst genommen zu werden.

# Der Projektmanager

Der Projektmanager ist verantwortlich für die täglichen Abläufe des Projekts. Er steht im Mittelpunkt der Kommunikation (vgl. Diagramm S. 15), und der Erfolg des Projekts hängt in weiten Teilen von seinen Fähigkeiten und seinem Engagement ab. Im Idealfall wird der Projektmanager an der Festlegung des Projektrahmens beteiligt sein (Definitionsprozess), wobei er mit Abnehmern und Endverbrauchern in Verbindung steht. Geschickte Projektmanager identifizieren die Schlüsselpersonen innerhalb der Stakeholder-Gruppe schon bei Projektbeginn. Sie werden aktive Schritte unternehmen, um den größtmöglichen Nutzen aus den positiven Einflüssen zu ziehen und gleichzeitig die Wirkung der negativen zu minimieren.

## Die Aufgaben des Projektmanagers

Der Projektmanager muss

Projektpläne erstellen;

ein starkes Team aufbauen;

den Einzelnen motivieren;

für jedes Teammitglied Rollen definieren und Ziele setzen;

Kontrollpunkte und Meilensteine festlegen;

die Arbeit auf ihren plangemäßen Fortschritt hin im Blick behalten;

den Sponsor zu jedem Zeitpunkt in angemessener Weise auf dem Laufenden halten;

die verlangten Fortschrittsberichte erstellen;

dafür Sorge tragen, dass der Informationsfluss innerhalb der Projekthierarchie funktioniert;

die Projektbedürfnisse gegenüber der Stakeholder-Gruppe vertreten;

sämtliche Veränderungen gegenüber der ursprünglichen Spezifikation dokumentieren;

regelmäßig Projektrückschau halten, um aus den Erfahrungen zu lernen.

## ACHT PARADOXA DES PROJEKTMANAGEMENTS

Laut Tom Peters, dem Management-Guru Amerikas, vereint jeder gute Projektmanager acht Paradoxa auf sich, die für seine Rolle eine Schlüsselfunktion spielen. Denn der wirklich erfolgreiche Projektmanager muss in der Lage sein, die in der linken Spalte genannten Qualitäten mit ihrem jeweiligen Gegenteil (rechte Spalte) unter einen Hut zu bringen:

| | | |
|---|---|---|
| 1 | **mit totalem Ego**<br>überzeugt davon, die Fähigkeit und das Recht zu haben, von anderen etwas zu verlangen | **ohne jedes Ego**<br>kein Typ, der den Vorgesetzten herauskehrt – der wahrhaft dienende Führungstyp |
| 2 | **autokratisch**<br>bestimmend und autoritär wo nötig | **delegierend**<br>ermutigt die Teammitglieder zu Eigeninitiative |
| 3 | **Typ Führer**<br>mit einer Vision für die Zukunft; inspiriert die anderen | **Typ Manager**<br>managt die Klippen und Tücken der Implementierung |
| 4 | **keine Probleme mit Vieldeutigkeit**<br>jedes Projekt ist von Vieldeutigkeit umgeben – nach Exaktheit zu suchen würde lähmend wirken | **Präzisionsfanatiker**<br>manche Angelegenheiten erfordern eine präzise Definition – der Projektmanager hat den richtigen Riecher, diese zu identifizieren |
| 5 | **gute mündliche Kommunikation**<br>im Briefing als direktes Gegenüber zuversichtlich und überzeugend; baut Beziehungen zu anderen auf | **gute schriftliche Kommunikation**<br>verfügt über die nötige Disziplin, um Dinge zu notieren; ist mit dem Papierkrieg immer auf dem Laufenden |
| 6 | **durch Komplexität nicht zu entmutigen**<br>erkennt, dass der direkte Weg nicht immer der beste ist | **Devise: so einfach wie möglich**<br>glaubt, dass einfache Regeln mit größter Wahrscheinlichkeit eingehalten werden; dass einfache Lösungen in den allermeisten Fällen funktionieren |
| 7 | **hat das Gesamtbild im Blick**<br>fähig, das (politische, wirtschaftliche oder kommerzielle) Projektumfeld in Betracht zu ziehen | **schenkt dem Detail Aufmerksamkeit**<br>achtet auf die kleinen, aber eminent wichtigen Komponenten eines Projekts, die den Unterschied zwischen Erfolg und Fehlschlag bedeuten können |
| 8 | **ungeduldig**<br>schreitet dort zur Tat, wo es Widerstand zu überwinden und ein Resultat zu erzielen gilt | **geduldig**<br>weiß, dass Zuhören manchmal effektiver ist als Reden; unnötiges Nachprüfen und Kontrollieren bremst den Fortschritt |

# Abnehmer und Endverbraucher

Nachdem es der Abnehmer ist, der letztlich das Endprodukt eines Projekts in Empfang nimmt, sollte man sich mit ihm (als Person oder Gruppe) während der Definitionsphase sehr intensiv besprechen. Und obgleich es der Sponsor ist, der die Projektdefinition unterzeichnet, sollten die Bedürfnisse des Endverbrauchers dafür ausschlaggebend sein.

## Der schwer fassbare Endverbraucher

Abnehmer und Endverbraucher sind häufig nicht identisch. Geht es beispielsweise um den Bau einer Straße, wäre die Kommune der Abnehmer und nicht der Autofahrer, der die Straße nützt.

Als Faustregel gilt: Gefällt das Produkt dem Endverbraucher, wird auch der Abnehmer zufrieden gestellt sein.

In manchen Projekten gestaltet sich der unmittelbare Kontakt zum Endverbraucher überraschend schwierig. Das mag auf den heiklen Charakter dessen, was es vorzuschlagen gilt, zurückzuführen sein.

Häufiger jedoch sind übereifrige „Türwächter" innerhalb des Unternehmens dafür verantwortlich, die behaupten, im Interesse der Endverbraucher-Gruppe zu sprechen. Ferner kann der Kontakt zum Endverbraucher davon abhängen, wie man an ihn herantritt und inwieweit er bereit ist, sich einbeziehen zu lassen.

Im Fall einer geplanten neuen Straße zum Beispiel wird man vermutlich eher von den Projektgegnern Input erhalten als von denen, die möglicherweise die Straße nutzen wollen. Der Projektmanager wird Wege finden, diese Probleme zu lösen.

## Den Endverbraucher einbeziehen

Es kann erforderlich sein, in Vorbereitung für Ihr Projekt etwas Marktforschung zu betreiben. Vielleicht entscheiden Sie sich auch für die Produktion eines Prototypen, damit Sie vorführen können, was Sie zu tun planen. Von diesem Zeitpunkt an bis hin zur abschließenden Übergabe sollte der Projektmanager Abnehmer und Endverbraucher über den Fortschritt auf dem Laufenden halten.

In den späteren Projektphasen kann das auch bedeuten, sie durch gezieltes Training auf das Produkt vorzubereiten (Unterweisung in bestimmten neu erforderlichen Fertigkeiten).

Bei manchen Projekten gibt es unter den Endverbrauchern ganz unterschiedliches Interesse am Projektergebnis. Beispiel: Ein neues Computersystem wird entwickelt, mit dessen Hilfe man Produktionsvorgänge innerhalb einer Fabrik verfolgen und analysieren kann. Manche der Endverbraucher werden die Daten eingeben; andere werden damit arbeiten; und eine dritte Gruppe wird anhand der daraus gewonnenen Information Entscheidungen treffen müssen.

Der Projektmanager sollte jede einzelne Gruppe separat erkennen und die Form der Kommunikation entsprechend wählen.

In dem oben genannten Beispiel könnte es durchaus sein, dass die erste Gruppe dem Projekt ablehnend gegenübersteht, weil sie keine Lust hat, ihre Leistungen dokumentieren zu müssen. Die zweite Gruppe muss möglicherweise zusätzliche Verantwortung übernehmen und wird sich eher neutral verhalten.

Hingegen wird die dritte Gruppe – also die Manager, die mit der Analyse arbeiten – die Projektübergabe wahrscheinlich kaum erwarten können.

# Das Projektteam

Die Zusammensetzung des Projektteams wird von Fall zu Fall beträchtlich schwanken, je nach Projektcharakter und -kontext. Im typischen Fall jedoch lässt es sich in drei Untergruppen aufgliedern:

technische Spezialisten,

externes Team und

internes Team.

Jede Gruppe muss in eigener Weise gemanagt werden.

## Technische Spezialisten

Teammitglieder mit technischen Spezialkenntnissen werden in der Regel in beratender Funktion hinzugezogen. Solche – meist hoch bezahlten – Fachleute können oft nur begrenzte Zeit für ein Projekt aufwenden. Deshalb sollte man sie bevorzugt mit sehr spezifischen Aufgaben betrauen und bei allgemeineren Angelegenheiten allenfalls zur Überprüfung oder Beratung einsetzen.

## Externes Team

Vielleicht gelingt es Ihnen, bestimmte Teile des Projekts in ein anderes Unternehmen auszulagern. Dann benötigen Sie wahrscheinlich eine formelle Übereinkunft bezüglich Zeitplan, Umfang und Kosten der Arbeit. Vorausgesetzt, Sie treffen damit ins Schwarze, werden Sie sich kaum um das alltägliche Management solcher ausgelagerten Verträge kümmern müssen. Aber Vorsicht: Wenn die Übereinkunft nicht stimmt, kann es zeitaufwendig und teuer werden, sie später zu korrigieren.

## Internes Team

Die Mitglieder Ihres internen Teams entstammen üblicherweise Ihrer eigenen Organisation oder Abteilung. Ihnen gegenüber werden Sie sich im Allgemeinen eines weniger formellen Stils befleißigen, wenn Sie Aufgaben delegieren. Verwechseln Sie aber den gelockerten Stil nicht mit einer gelockerten Definition der Aufgabe: Nach wie vor gilt es exakt zu formulieren, was bis wann erledigt sein muss. Dies ist besonders wichtig, wenn Sie Aufgaben an die älteren Teammitglieder delegieren.

Von allen Gruppen ist das interne Team häufig am schwierigsten zu managen. Das hängt damit zusammen, dass die Teammitglieder mit anderen Dingen beschäftigt sind und nur aus „Gefälligkeit“ an Ihrem Projekt mitarbeiten. Andererseits ist das Arbeiten mit dem internen Team kaum je mit Baraufwendungen verbunden und dem Projektmanager sind in der Regel die Stärken und Schwächen seiner Mitglieder bekannt.

# Sonstige Projektrollen

## Qualitätsgarantie

In vielen Unternehmen gibt es Standards zur Qualitätsgarantie, die es erforderlich machen, ein Projekt einer vorgegebenen Folge von Prozeduren zu unterziehen. Das für die Qualitätsgarantie zuständige Team wird an bestimmten (zuvor vereinbarten) Punkten des Projektzyklus den Fortschritt des Projekts überprüfen. Wenn es kein solches Team gibt, sollte der Projektmanager diese Funktion übernehmen.

## Projektkoordinator

Bei größeren Projekten gibt es manchmal einen eigenen Projektkoordinator, der im Namen des Projektmanagers die administrativen Aufgaben übernimmt. In kleineren Projekten fällt auch diese Rolle wiederum dem Projektmanager zu.

## Unsichtbares Team

Der Autor Geoff Reiss prägte in seinem Buch *Project Management De-mystified* den Terminus „unsichtbares Team". Er benützt ihn als Sammelbegriff für sämtliche Faktoren, die sich auf den Fortschritt Ihres Projekts auswirken können (in überwiegend negativer Weise). In manchen Projekten ist es ratsam, diese Faktoren als „Stakeholder" zu betrachten, die auf Ihre Pläne Einfluss ausüben können. Aus diesem Grund ist das „unsichtbare Team" im Diagramm auf Seite 15 als „Stakeholder" aufgeführt.

Bei einem Straßenbau-Projekt beispielsweise könnte es notwendig sein, Wetter und Schulferien bei der Erstellung des Zeitplans mit zu berücksichtigen. Diese beiden Faktoren sind gute Beispiele für Mitglieder des „unsichtbaren Teams".

# Checkliste für laufende Projekte

Vielleicht sind Sie an Ihrem Arbeitsplatz bereits in eine Reihe von Projekten verwickelt. Dann könnte es sich für Sie als hilfreich erweisen, wenn Sie beginnen, über diese Projekte in einer strukturierten Weise nachzudenken. Das gilt besonders in Bezug auf Ihre eigene Rolle und die Rolle eines jeden anderen, der am Projekt beteiligt ist. Sollten Sie in mehreren Projekten mitwirken, verwenden Sie am besten für jedes Projekt eine eigene Kopie der unten stehenden Checkliste.

## CHECKLISTE PROJEKTEINSCHÄTZUNG

1 An welchem Projekt bin ich derzeit beteiligt?

______________________

______________________

2 Welches sind die Zeit-, Kosten- und Qualitätsparameter für dieses Projekt?

Zeit ______________________

Kosten ______________________

Qualität ______________________

3 Wie hoch ist mein Reaktivitäts-Quotient? (zur Berechnung des Reaktivitäts-Quotienten siehe Seite 12)

______________ Prozent

4 Welchen Anteil meiner verbleibenden (proaktiven) Zeit kann ich auf dieses Projekt verwenden?

______________ Prozent

5 Welche Rolle(n) spiele ich in diesem Projekt (z. B. Projektmanager und Verantwortlicher für die Qualitätsgarantie)?

______________________

6 Wer sonst gehört meinem Projektteam an?

______________________

______________________

7 Wem obliegen die folgenden Rollen?

Sponsor ______________________

Manager ______________________

Abnehmer/Endverbraucher ______________________

8 Wer sind die wichtigsten Stakeholder in meinem Projekt? Stehen sie dem Projekt positiv, neutral oder negativ gegenüber?

| Stakeholder | positiv/negativ/neutral |
|---|---|
| | |
| | |

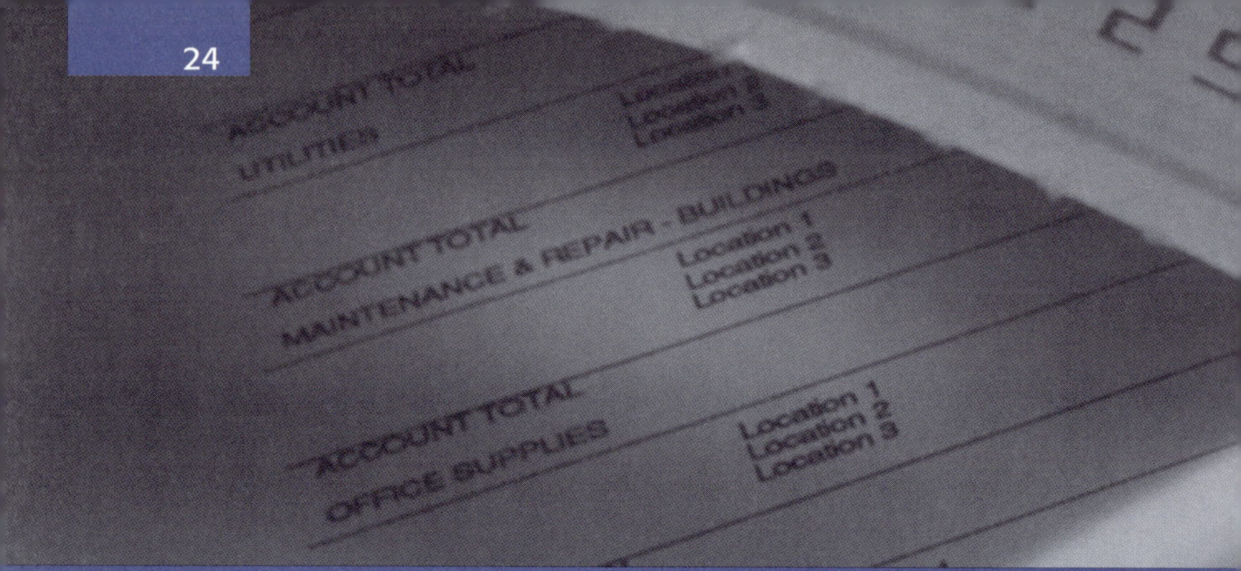


***Wie kann ich diese Idee in die Tat umsetzen?***

***Wen muss ich daran beteiligen?***

***Welcher Nutzen wird dabei herauskommen?***

# 2

## Kosten und Nutzen analysieren

## Zielsetzungen definieren

## In die Startlöcher gehen

## Die Einstellung der Stakeholder ermitteln

# Projektinitiierung

Wie ein Projekt initiiert wird, hängt zum großen Teil vom Typ des Unternehmens ab sowie von der Autorität dessen, der die Idee entwickelt hat.

## Kommerzielle Projekte

Heutzutage nehmen die Geschäftsabwicklungen zwischen kommerziellen Unternehmen häufig Projektform an. Der Vertreterstab verkauft den Nutzen der einen oder anderen Veränderung, indem er einen Preis festlegt und einen Zeitrahmen vorgibt. Preis und Zeitrahmen werden dabei so angesetzt, dass sie voraussichtlich durch gutes Projektmanagement gewinnbringend eingehalten werden können.

Ironischerweise trennen viele dieser Unternehmen Verkaufs- oder Buchhaltungsmanagement von Verfahrens- oder Projektmanagement. Im Extremfall wird dann ein Projekt effektiv durch das Verkaufsteam initiiert, das vielleicht einer unrealistisch hohen Spezifikation, einem niedrigen Budget oder einem knappen Zeitrahmen zustimmt – Bedingungen, die das Projektmanagement-Team unmöglich erfüllen kann. Unzufriedenheit auf Seiten des Abnehmers, ein unlukratives Geschäft und gegenseitige Schuldzuweisungen zwischen den Abteilungen sind das Ende vom Lied.

Häufig handelt es sich dabei lediglich um ein Kommunikationsproblem; es lässt sich dadurch lösen, dass der Projektmanager zu einem früheren Stadium des Verkaufsprozesses hinzugeschaltet wird. (Vorausgesetzt, der Projektmanager besitzt die zwischenmenschlichen und kommerziellen Fähigkeiten, mit der Situation fertig zu werden!)

## Change-Projekte

Projekte, die innerhalb eines Unternehmens für eigene Zwecke initiiert werden, sind häufig Change-Projekte (Change = Veränderung, Anm. d. Übersetzers). Solche Projekte sollen etwa neue Arbeitspraktiken entwickeln oder neue Geschäftsmöglichkeiten erschließen. Es gibt – allgemein gesprochen – zwei Methoden, wie Change-Projekte initiiert werden können: entweder „top down" (= von oben nach unten) oder „bottom up" (= von unten nach oben).

### „Top down"

Eine „Top down"-Initiierung liegt vor, wenn ein Firmenmitglied oder Sponsor in gehobener Position auf eine Notwendigkeit aufmerksam wird und einen Projektmanager beruft, der sich darum kümmern soll. Progressive Unternehmen besitzen häufig spezielle Strukturen, die neue Projektideen entwickeln, beurteilen und vergeben.

### „Bottom up"

Eine „Bottom up"-Initiierung liegt vor, wenn die Projektidee von jemandem stammt, der auf Grund seiner Stellung nicht die Kompetenz hat, die Implementierung selbst zu beschließen. Jeder Beliebige kann eine gute Projektidee haben und es gibt keinen Grund, weshalb diese Idee nicht realisiert werden sollte, wenn sie Unterstützung finden kann.

| | STÄRKEN | SCHWÄCHEN |
|---|---|---|
| **„Top down"-Projekte** | • Den Ideen, die „top down" entwickelt werden, sind häufig von Anfang an Geldmittel zugeteilt.<br>• Nachdem es eine klar definierte Verfahrensweise für die Projektinitiierung gibt, kann jeder, der eine neue Projektidee präsentieren möchte, sich daran orientieren. | • Auf diese Weise werden viele unsinnige Projekte ins Leben gerufen. Als geistiges Kind eines leitenden Angestellten in hoher Position entstanden, stellt niemand den Wert des Projekts in Frage, bevor Zeit und Ressourcen darauf verwendet werden.<br>• Der Projektmanager wird manchmal erst nach der Definitionsphase eingeschaltet. Das kann bedeuten, dass er sich nicht mit dem Projekt identifiziert. Die Folge ist entweder ein Fehlschlagen des Projekts oder eine unerwünscht starke Beteiligung des Sponsors. |
| **„Bottom up"-Projekte** | • Ideen von jemandem, der im Unternehmen eine eher untergeordnete Position innehat, werden im Allgemeinen gründlicher überprüft, bevor sie zu Projekten werden.<br>• Wenn der Urheber der Idee gleichzeitig Projektmanager ist, wird er stärker motiviert sein, das Projekt zum Erfolg zu führen. | • Das genialste Projekt kann in die Hose gehen, wenn der Initiator nicht das Know-how besitzt, um dafür Unterstützung zu gewinnen. |

# Wie eine „Bottom up"-Initiierung gelingt

**Was ist einzigartig an Ihrer Idee?**

**Welche Nutzeneffekte kann sie Ihrem Unternehmen einbringen?**

**Wer kann Ihnen helfen, die Idee auszufeilen?**

**An wen können Sie Ihre Idee verkaufen?**

**Können diese Leute Ihnen helfen, Ihre Idee an Dritte zu verkaufen?**

Zu viele gute Ideen erleiden Schiffbruch, weil es bei der Idee eines Einzelnen bleibt. Was können Sie tun, um die Qualität Ihrer ursprünglich entwickelten Idee zu beurteilen? Wie gelingt Ihnen der entscheidende Schritt von einer guten zu einer machbaren Idee?

### 1. Beziehen Sie andere mit ein

Viele Projekte können nicht realisiert werden, weil derjenige, der die Idee dazu hat, diese für sich behält. Oft ist Furcht die Ursache: Man fürchtet, die Kontrolle über die eigene Idee zu verlieren oder die Idee könnte „abgeschossen" werden. Jedoch betreffen alle Projekte irgendwelche anderen Leute, und wenn Sie keine Schritte unternehmen, um deren Verständnis und Unterstützung zu gewinnen, ist das Projekt so gut wie zum Scheitern verurteilt.

### 2. Finden Sie einen Sponsor

Wenn Sie nicht selbst die Autorität besitzen, um als Sponsor zu fungieren, müssen Sie überlegen, wer für diese Rolle in Frage kommt, um dann den Betreffenden darauf anzusprechen. Dieser Schritt will vorbereitet sein; vielleicht müssen Sie sich die Zeit nehmen und ein Verkaufsdokument oder eine Präsentation zusammenstellen. Das Herzstück Ihres Vorschlags sollte im Normalfall in einer Kosten-Nutzen-Analyse bestehen.

### 3. Erlauben Sie den anderen, mit Ihrer Idee zu arbeiten

Es gibt den Fall, dass der Urheber einer Idee ihre Verwirklichung dadurch verhindert, dass er niemandem gestattet, auch nur das Geringste daran zu ändern. Lassen Sie die anderen also an Ihrer Idee teilhaben. In dem Gefühl, dass ihnen das Projekt zumindest teilweise gehört, werden sie mit größerer Motivation daran arbeiten.

### 4. Geben Sie nicht auf

Eine Idee, die anfangs nicht die Spur absurd scheint, so Einstein, sei wahrscheinlich nicht wert, weiter verfolgt zu werden. Aber leider ist es ungleich schwieriger, verrückt scheinende Ideen denjenigen Leuten zu verkaufen, die man zu ihrer Realisierung benötigt. Sie müssen also hartnäckig sein. Viele revolutionäre Ideen wie beispielsweise Haftzettel oder der Radiowecker konnten nur dank der Ausdauer ihrer Erfinder in die Tat umgesetzt werden. Wenn Sie also glauben, eine gute Idee zu haben, dürfen Sie sich von einer etwaigen anfänglichen Ablehnung keinesfalls entmutigen lassen.

# Wie Sie andere in Ihr Projekt einbeziehen

Als Faustregel gilt: Je früher Sie andere in Ihre Idee einbeziehen, desto mehr Unterstützung schaffen Sie sich. Wenn Sie den Leuten die Möglichkeit geben, in den anfänglichen Stadien einen Beitrag zu Ihrem Projekt zu leisten, werden sie sich im gesamten Projektverlauf in höherem Maß engagieren. Sie können dabei von folgenden Methoden Gebrauch machen:

## Laden Sie zu einem Brainstorming ein

Zweck eines Brainstorming ist, so viele Lösungen wie möglich zu erschließen. Umreißen Sie in einem ersten Schritt das Problem. Ermutigen Sie dann jeden der Anwesenden, Lösungsvorschläge zu machen, wie unorthodox auch immer. Erst nachdem eine Fülle von Lösungsvorschlägen vorgebracht wurden, sollten Sie beginnen, die Vorzüge jedes einzelnen abzuwägen. Die Lösung, für die letztlich die Entscheidung fällt, ist häufig ein Konglomerat aus vieler Leute Ideen.

## Führen Sie eine Kraftfeldanalyse durch

Diese Methode zur Problemanalyse wurde ursprünglich von dem Managementtheoretiker Professor Kurt Lewin im Jahr 1951 entwickelt. Seine Theorie besagt, der Status stelle den Punkt dar, an welchem die in einer beliebigen Situation wirkenden Trieb- und Hemmkräfte im Gleichgewicht sind. Eine Kraftfeldanalyse identifiziert die Hemmkräfte, damit ein Plan aufgestellt werden kann, um diese Hemmkräfte entweder zu schwächen oder zu beseitigen. Damit ist Ihnen ein Modell an die Hand gegeben, das sich sehr gut für die Diskussion in der Gruppe eignet. Projektmanager können die Kraftfeldanalyse dazu verwenden, Probleme zu identifizieren, um dann durch die oben beschriebene Brainstorming-Methode eine Lösung zu finden.

## Hören Sie sich unter den Endverbrauchern um

Auf höchster Ebene kann dazu gehören, eine hoch differenzierte Marktforschung in Auftrag zu geben. Im kleineren Rahmen mag es bedeuten, ein Gespräch mit einem oder mehreren Endverbrauchern zu führen, das folgende Fragen klärt: Welche Bedürfnisse bestehen auf einem bestimmten Gebiet? Wie sind die Endverbraucher Ihrem Vorschlag gegenüber eingestellt?

## Führen Sie eine Kosten-Nutzen-Analyse durch

Man versteht darunter die objektive Analyse der wahrscheinlichen Kosten und Nutzeneffekte eines Projekts, anhand deren entschieden wird, ob das Projekt in Angriff genommen wird oder nicht. (Siehe Seite 31 ff.)

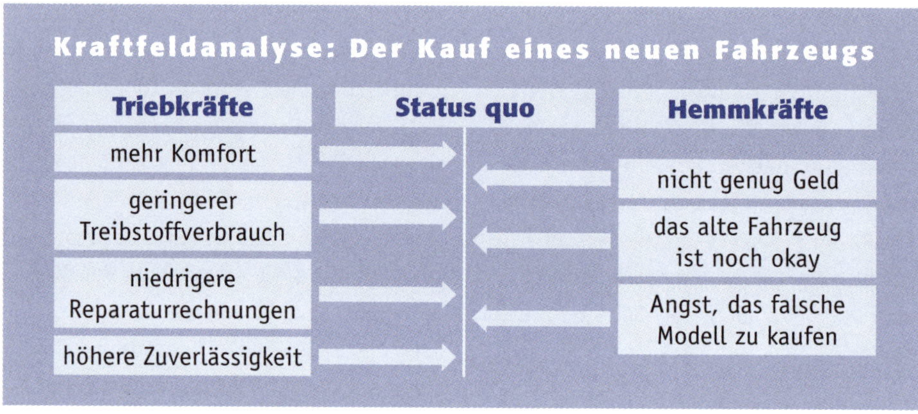
Kraftfeldanalyse: Der Kauf eines neuen Fahrzeugs
Triebkräfte
Status quo
Hemmkräfte
mehr Komfort
geringerer Treibstoffverbrauch
niedrigere Reparaturrechnungen
höhere Zuverlässigkeit
nicht genug Geld
das alte Fahrzeug ist noch okay
Angst, das falsche Modell zu kaufen

# Kosten-Nutzen-Analyse

Die Kosten-Nutzen-Analyse ist ein Mittel, um abzuwägen, ob das Projekt wert ist, initiiert zu werden. Ursprünglich handelte es sich dabei um eine ausschließlich finanzielle Kalkulation und sowohl Kosten als auch Nutzen wurden in monetären Begriffen ausgedrückt. Jedoch betreffen die erwünschten Nutzeneffekte vieler Projekte Bereiche, die schwer messbar sind: die Lebensqualität etwa oder moralische Maßstäbe. Doch unabhängig von der Natur der Nutzeneffekte sollte eine Kosten-Nutzen-Analyse durchgeführt werden, damit Sie leichter entscheiden können, ob es sich lohnt, das Projekt weiter voranzutreiben.

## Kosten

Die Kosten eines Projekts sollten letztendlich in finanziellen Termini ausgedrückt werden. Es ist wichtig, dass Sie in die Kalkulation sowohl die Barauslagen einbeziehen – das sind z. B. Materialkosten oder Kosten für die Dienste eines Subunternehmers – als auch die unsichtbaren Kosten, z. B. die Kosten für den Zeitaufwand, den Sie und die anderen internen Teammitglieder investieren.
Bei der Kostenaufstellung für ein Projekt ist es üblich, nur die projektbezogenen Kosten aufzuführen; nicht etwa die allgemeinen Betriebskosten, die auch dann entstehen würden, wenn das Projekt nicht durchgeführt würde.

## Nutzeneffekte

Im Allgemeinen haben Sie eine gute Vorstellung davon, welche Nutzeneffekte Ihr Projekt zu bieten hat. Die Herausforderung besteht darin, Qualität und Höhe der Nutzeneffekte zu *quantifizieren*.
Um ein realistisches Bild zu erhalten, müssen Sie auch den Zeitpunkt berücksichtigen, zu dem die Nutzeneffekte erwartet werden dürfen. In manchen Fällen ist ein schnell erzielter kleiner Nutzeneffekt durchaus dem größeren Nutzeneffekt vorzuziehen, dessen Verwirklichung längere Zeit in Anspruch nimmt.

### DIE ENTSCHEIDUNG TREFFEN

Sobald Sie eine grundlegende Struktur geschaffen haben, um sowohl Kosten als auch Nutzeneffekte in Geldbeträgen messen zu können, sollten Sie in der Lage sein zu entscheiden, ob sich das Projekt lohnt. Es gibt hierfür keine Standardmethode. Viele Unternehmen wenden auf jede beliebige Investment-Entscheidung Formeln aus dem Bereich der Buchhaltung an, z. B. die Kapitalertragmethode („Return on Capital Employed", ROCE), die Tilgungsdauer oder die Kapitalwertmethode („Discounted Cash Flows", DCFs). Selbst wenn Sie aus dem Bereich der Buchhaltung kommen und sich den Umgang mit diesen Formeln durchaus zutrauen, sollten Sie immer versuchen, die Finanzabteilung Ihres Unternehmens einzubeziehen. Dadurch gelingt es Ihnen nicht selten, den schärfsten Kritiker Ihrer geplanten Ausgaben als engagierten Befürworter Ihres Projekts zu gewinnen. – Die Entscheidung selbst muss letzten Endes durch den Sponsor getroffen werden.

Ein weiterer wichtiger Faktor, den es zu berücksichtigen gilt, ist das Risiko. Die Nutzeneffekte des Projekts können selten garantiert werden. Irgendetwas könnte schief laufen und dies könnte sich auf das Gesamtergebnis auswirken.

**FÜNF GRÜNDE, WARUM**

Im Folgenden finden Sie ein Anwendungsbeispiel für die „fünf Warum". Bei dem getesteten Projekt handelt es sich um die Entwicklung eines computerisierten Zeitplanungssystems.

F Warum brauchen wir ein computerisiertes Zeitplanungssystem?
A Damit wir Besprechungen innerhalb der Gruppe koordinieren können.

F Warum müssen wir Besprechungen innerhalb der Gruppe koordinieren?
A Damit wir unsere Entscheidungen schneller treffen können.

F Warum ist es nötig, unsere Entscheidungen schneller zu treffen?
A Damit wir schneller auf die Bedürfnisse unserer Kunden reagieren können.

F Warum müssen wir schneller auf die Bedürfnisse unserer Kunden reagieren?
A Damit wir den Angeboten unserer Konkurrenz zuvorkommen können.

F Warum müssen wir unsere Konkurrenz schlagen?
A Damit unsere Einkünfte mit den Wachstumszielen in Einklang stehen.

Eine Einschätzung dieser Faktoren sollte in Ihre Analyse einbezogen werden. (Näheres zum Thema „Einschätzung des Risikos" siehe S. 55 ff.)

## Die Frage nach dem Warum

Kosten zu beziffern ist relativ einfach; hingegen ist es im Allgemeinen schwieriger, die potenziellen Nutzeneffekte eines Projekts zu quantifizieren. Sie müssen herausfinden, ob Ihr Ziel mit der Gesamtzielrichtung Ihres Unternehmens in Einklang steht. Eine mögliche Methode hierzu ist eine Technik, die unter dem Namen „Die fünf Warum" bekannt ist.

Die Frage „Warum?" kann auf zwei verschiedene Weisen beantwortet werden:

„Weil ..."

„Damit ..." (mit Variationen „Um zu ..." oder „So dass ...")

Beginnt eine Antwort mit „Weil", nennt sie normalerweise einen reaktiven Grund für eine Handlung. „Damit" oder „Um zu" hingegen ist auf die Zukunft gerichtet und leitet für gewöhnlich eine proaktive Antwort ein.

Die Technik der „fünf Warum" stellt an Sie die Anforderung, einer proaktiven logischen Sequenz durch fünf aufeinanderfolgende Stadien hindurch zu folgen (vgl. hierzu das Beispiel im Kasten). Als

Faustregel gilt: Führt diese Sequenz am Ende der fünf Stufen nicht zu einem der strategischen Ziele Ihres Unternehmens, ist das Projekt wahrscheinlich nicht wert, durchgezogen zu werden.

## Weitere Prüfung

Um das Projekt in optimaler Weise auszutesten, sollten Sie nun folgende Zusatzfragen stellen:

Ist die Logik in dieser Sequenz an irgendeiner Stelle fehlerhaft?

Wie hoch ist der Beitrag des erwogenen Projekts zum strategischen Ziel?

Gibt es irgendwelche anderen Projekte, die auch zum Ziel beitragen?

Welche unangenehmen Folgen könnten sich unbeabsichtigt ergeben? Bezug nehmend auf das vorhergehende Beispiel: Wenn sich Besprechungen leichter arrangieren lassen – könnten dann vielleicht Angelegenheiten, um die sich der Einzelne zu kümmern hat, in die Besprechung verlegt und als Folge davon der Entscheidungsprozess *verlangsamt* werden?

Durch diese Vorgehensweise gelangen Sie zu einer klaren Argumentation, die häufig dazu führt, dass quantifizierbare Nutzeneffekte identifiziert werden können: etwa in Form von Geld, Ressourcen, Gehältern oder neuen Geschäftsmöglichkeiten.

**Um Aufschluss über eine Angelegenheit zu erhalten, können Sie keine bessere Frage stellen als: „Warum?“ Keinesfalls sollten Sie ein Projekt übernehmen, für das Sie das „Warum?“ nicht mit einem „Damit“ beantworten können. Im Idealfall sollte Ihr Projekt den Test der „fünf Warum“ bestehen.**

# Das Projekt definieren

Eine klare Projektdefinition darf sich nicht auf die Zielsetzung beschränken, sondern muss auch einen eindeutigen Zeitrahmen und einen verbindlichen Wert für Geldmittel oder Ressourcen beinhalten – sprich sämtliche drei Ecken des Qualität/Kosten/Zeit-Dreiecks (vgl. Seite 9).

Zum Definitionsprozess gehört, jeden einzelnen der genannten Parameter in solcher Weise festzulegen, dass Sie und alle anderen Stakeholder sich künftig darauf beziehen können.

## Wie flexibel sollte die Definition sein?

Eine der Entschuldigungen, die oft vorgebracht werden, wenn man sich um den Definitionsprozess drücken will, ist die folgende: In einer veränderlichen Umgebung könne heute niemand mit Genauigkeit sagen, was man zum Zeitpunkt des Projektabschlusses brauchen werde. Man wolle sich Flexibilität für die Zukunft sichern und deshalb halte man die Dinge bewusst vage.

Dies ist eine fälschliche Annahme, die nicht ungefährlich ist. Die Parameter festzulegen bedeutet nicht, dass bis zur Beendigung des Projekts nicht mehr daran zu rütteln ist. Eine klare Definition ist vielmehr die unverzichtbare Basis, auf der sich künftige Veränderungen aufbauen lassen.

Zur Flexibilität gehört die Bereitschaft, Veränderungen durchzuführen, falls dies später notwendig wird; Flexibilität heißt jedoch nicht, dass man sich weigert, zu Projektbeginn Parameter festzulegen.

## Wer sollte die Definition formulieren?

Die Erstellung einer klaren, von allen anerkannten Definition dessen, was den Erfolg ausmacht, sollte die erste Priorität des Projektmanagers sein.

Im Idealfall sollten das ganze Projektteam sowie alle maßgeblichen Stakeholder an diesem Prozess beteiligt sein. Man maximiert dadurch für gewöhnlich die Identifikation mit dem Projekt und reduziert die Wahrscheinlichkeit von Missverständnissen. Häufig jedoch scheitert dieser Ansatz aus praktischen Gründen.

## Schlüsselfragen

Die Schlüsselfragen beziehen sich auf die Faktoren Zeit, Kosten und Qualität. Die beiden ersten Fragen sind ziemlich einfach:

Zeit: Wie viel Zeit haben wir?

Kosten: Wie viel Geld können wir ausgeben?

Sehr viel komplizierter wird es, wenn wir innerhalb der Definition nach dem Faktor Qualität fragen wollen.

# Qualität

Die Qualität eines Projekts zu definieren stellt eine Mischung aus Kunst und Wissenschaft dar. Der Erfolg hängt davon ab, ob man den richtigen Leuten die richtigen Fragen stellt und ob man die Antworten versteht und in leicht zugänglicher Struktur dokumentieren kann. Bei manchen Projekten – besonders solchen, die interne Veränderungen zum Inhalt haben – kann es Ihnen eine Hilfe sein, eine detaillierte Stakeholder-Analyse durchzuführen. Identifizieren Sie jeden, auf den sich Ihr Projekt auswirken könnte, und ermitteln Sie seine Einstellung. Vielleicht können Sie mit jedem Stakeholder persönlich sprechen; in großen Projekten mag es jedoch praxisorientierter sein, sich auf die Ansichten einer repräsentativen Auswahl zu beschränken.

## DIE RICHTIGEN LEUTE FRAGEN: STAKEHOLDER-ANALYSE

Führen Sie ein Brainstorming durch, um sämtliche Leute zu identifizieren, auf die sich Ihr Projekt auswirkt. Finden Sie dann heraus, wie hoch der Einfluss dieser Leute jeweils ist, und teilen Sie sie in zwei Gruppen ein:

- **Stakeholder mit großem Einfluss**
  Unterstützung ist wichtig für den Erfolg; Widerstand wird den Erfolg verhindern
- **Stakeholder mit geringem Einfluss**
  Unterstützung ist wünschenswert, aber nicht unbedingt erforderlich oder ohne Einfluss auf den Erfolg

Treffen Sie sich mit den maßgeblichen Stakeholder-Gruppen, um ihre Einstellung Ihrem Projekt gegenüber zu taxieren, und kategorisieren Sie sie gemäß folgender Einteilung:

- **Stakeholder mit positiver Haltung**
  sind dem Projektverlauf und -ergebnis gewogen oder engagieren sich dafür
- **Stakeholder mit neutraler Haltung**
  sind weder dafür noch dagegen
- **Stakeholder mit negativer Haltung**
  denken generell negativ über Projektverlauf und -ergebnis oder leisten Widerstand

Machen Sie Pläne, die darauf zielen, die vorhandenen positiven Einstellungen aufrechtzuerhalten, neutrale in positive Haltungen umzuwandeln – und negative in neutrale. Legen Sie dabei die höhere Priorität auf die Stakeholder mit großem Einfluss. Es kann Ihnen von Nutzen sein, eine Matrix zu zeichnen (s. u.) und jede(n) Stakeholder (-Gruppe) einem der Felder zuzuordnen.

| | HOHER EINFLUSS | GERINGER EINFLUSS |
|---|---|---|
| **Positive Haltung** | Bewahren Sie sich die Unterstützung dieser Leute.<br>Beispiel: Der Geschäftsführer ist sehr begeistert. – Beziehen Sie ihn so weit als möglich ein und halten Sie ihn stets auf dem Laufenden. | Bewahren Sie sich die Unterstützung dieser Leute.<br>Beispiel: Eine Sekretärin steht dem Projekt positiv gegenüber und ist bereit, Sie zu unterstützen. – Beziehen Sie sie ein und versuchen Sie, für sie eine Funktion im Team zu finden. |
| **Neutrale Haltung** | Versuchen Sie, diese Leute positiv zu stimmen.<br>Beispiel: Die Geschäftsleitung verhält sich unverbindlich. – Erläutern Sie in einer kurzen Präsentation die Nutzeneffekte, um die Geschäftsleitung zu einem Beitrag zu ermutigen | Versuchen, diese Leute positiv zu stimmen, aber ohne zu viel Zeit und Energie darauf zu verwenden.<br>Beispiel: Der Stab freier Mitarbeiter ist nicht interessiert. – Führen Sie informelle Gespräche mit den Leuten und bitten Sie sie um Vorschläge. |
| **Negative Haltung** | Versuchen Sie, diese Leute neutral oder positiv zu stimmen.<br>Beispiel: Die Leiterin der Finanzabteilung ist skeptisch. – Binden Sie sie in die Kosten-Nutzen-Analyse ein. | Versuchen Sie, diese Leute neutral oder positiv zu stimmen.<br>Beispiel: Packer sind besorgt, das Projekt könne den Verlust ihrer Arbeitsplätze zur Folge haben. – Nehmen Sie ihnen diese Sorge durch eine kurze Präsentation. |

**Opposition gegenüber Projekten basiert häufig auf falschen Annahmen oder einem lädierten Ego. Selbstverständlich sollen Sie die Ansichten Ihrer Projektgegner in Betracht ziehen. Hüten Sie sich aber davor, den Projektrahmen so abzuändern, dass er ihren Bedürfnissen entspricht – es sei denn, es handelt sich um die Endverbraucher.**

## Die richtigen Fragen stellen

Wollen Sie die Befragung Ihrer Stakeholder mit optimalem Erfolg durchführen, sollten Sie keine Fragen stellen, die mit einem einfachen „Ja" oder „Nein" beantwortet werden können. Offene Fragen entlocken dem anderen mehr und detailliertere Auskünfte.

### Was?

- Was wird als Resultat erwartet, was *genau*?

### Welche?

- Welche Ressourcen brauchen wir?

### Warum?

- Warum wird das genannte Resultat benötigt?
- Warum wird es *jetzt* benötigt?

### Wer?

- Wer sind die Endverbraucher?
- Wer wird das Projekt unterstützen?
- Wer wird es managen?

### Wie?

- Wie wird das Resultat implementiert?
- Wie lange wird es Verwendung finden?

### Wo?

- Wo wird es Verwendung finden?

### Wann?

- Wann wird es Verwendung finden?
- Wann wird es ausgedient haben (sprich nicht mehr nützlich sein)?

**SCHAFFUNG EINES PROTOTYPEN**

Häufig werden Sie mit einem Abnehmer bzw. mit Endverbrauchern sprechen, die keine präzise Vorstellung davon haben, was sie wollen. In diesem Fall sollte der Definitionsprozess in Form eines Dialogs vonstatten gehen. Die anfangs geäußerten Vorstellungen können als Grundlage für die Schaffung eines Prototypen herangezogen werden, der dem Abnehmer bzw. den Endverbrauchern zum Zweck eines weiteren Feedback präsentiert wird.

## Die Projektdefinition dokumentieren

Nachdem Sie sich Klarheit darüber verschafft haben, was Sie erreichen wollen, müssen Sie gewährleisten, dass Ihre Definition sinnvoll dokumentiert wird. Das heißt, sie muss so aufgebaut sein, dass Sie während der gesamten Lebensdauer des Projekts immer wieder gezielt darauf Bezug nehmen können.

Bei einem großen und komplexen Projekt kann die Spezifikation mehrere hundert Seiten umfassen. Erfahrene Projektmanager finden es jedoch häufig sinnvoll, eine ein- bis zweiseitige Zusammenfassung zu formulieren und diese als primäre Referenzgrundlage zu verwenden. Sie finden auf der nächsten Seite ein Beispiel für eine solche Zusammenfassung.

| **Projektname** Lazarus | **Projekt-Identifikationscode** 15a-d/99 |
|---|---|
| **Sub-Projekte:** Felix, Telstar, K2, Rubicon | |
| **Projektmanager**<br>J. Fisher, Manager des Call-Centers | **Projektsponsor**<br>M. Warp, Vizepräsident |
| **Endverbraucher** Call-Center-Teams in Brighton und Milton Keynes | |
| **Nutzeneffekt** 15 % höherer Gewinn pro Telefonist(in) | |
| **Projektrahmen/Zielsetzungen**<br>**erforderlich**<br>• Anfragen schneller beantworten<br>• die Notwendigkeit ausschalten, Kunden zurückzurufen | **erstrebenswert**<br>• automatisierte Managementberichte<br>• erforderliche Einarbeitungszeit von nicht mehr als zwei Stunden |
| **Zeitrahmen** Produkteinführung abgeschlossen im Juni (Brighton) bzw. September (Milton Keynes) | |
| **Kosten/Ressourcen**<br>gesamt: £ 300.000<br>Programmieren: £ 200.000; Mitarbeitereinweisung: £ 80.000; Projektunterstützung: £ 20.000 | |
| **Parameter**<br>keine Unterbrechungen der Funktion des Call-Centers | **Annahmen**<br>Netzwerk-Nachrüstung bis Ende März abgeschlossen |
| **Autoritätslevel**<br>Der Sponsor muss alle Ausgaben über £ 10.000 unterzeichnen.<br>Der Sponsor muss über jede Abweichung größer 10 % unterrichtet werden. | |
| **gezeichnet**<br>Sponsor | Projektmanager |

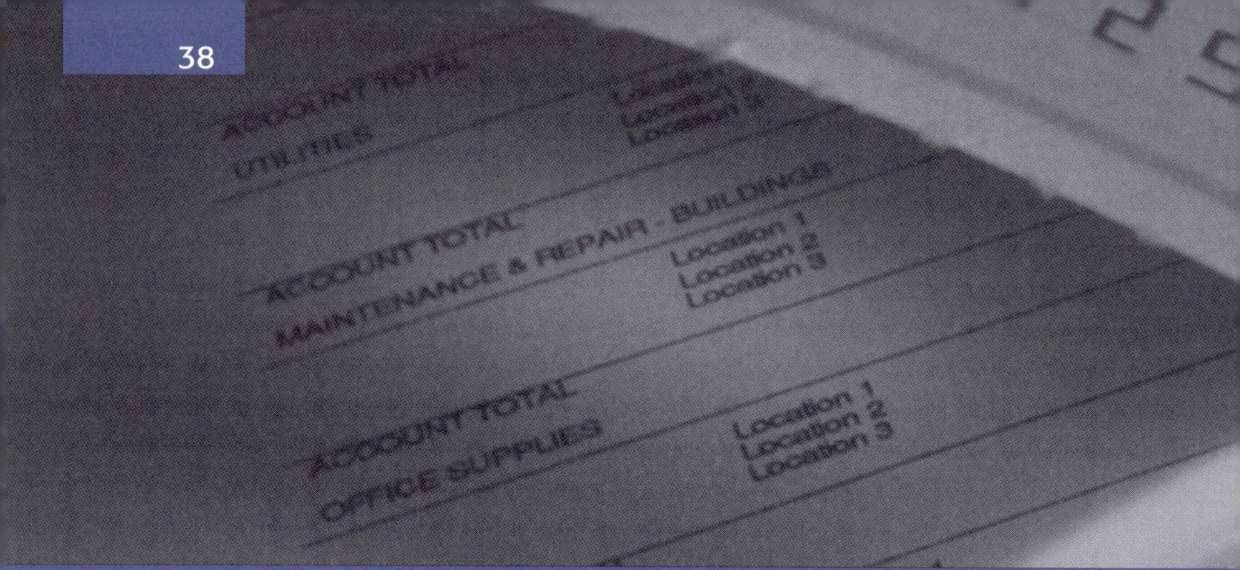


***Welches Resultat soll das Projekt liefern?***

***Welches ist die logische Reihenfolge der Aufgaben?***

***Wer wird wann was tun?***

# 3

## Aufgaben identifizieren

## Zeitpläne erstellen

## Zuständigkeiten bestimmen

## Risiken einschätzen

# Planung: ein Überblick

**Obwohl der Plan auf Papier (oder im Computer) festgehalten ist, sollte der Projektmanager einen intuitiven Überblick über alle ablaufenden Arbeiten besitzen. Sobald man einen Plan erstarren lässt, beginnt er seinen Wert zu verlieren; er muss lebendig bleiben. Um mit Dwight D. Eisenhower zu sprechen: „Ein Plan ist nichts, Planung ist alles."**

Durch Planung erstellen wir ein mentales Modell dessen, was vor uns liegt. Planung gestattet uns, den Bedarf an Ressourcen vorauszuberechnen und unsere Erfolgsaussichten zu maximieren. Der Plan ist die Straßenkarte, die der Projektmanager zur Orientierung benutzt: Er navigiert danach und misst danach den Fortschritt. In regelmäßigen Abständen – mindestens bei jeder Lagebesprechung zum Projekt – sollte der Plan konsultiert und aktualisiert werden. Der Projektmanager sollte jede Gelegenheit nützen, das Team im Detail damit vertraut zu machen.

## Die Reihenfolge der einzelnen Planungsschritte (Planungssequenz)

Die einzelnen Schritte zur Erstellung eines Projektplans laufen für gewöhnlich in folgender Reihenfolge ab:

Sie nennen den Rahmen und die Zielsetzungen des Projekts. Die Einzelheiten dazu sollten während der Definitionsphase im Detail erarbeitet worden sein.

Sie identifizieren alle Einzelfaktoren (Grundlagen, Vorgänge etc.), die im Rahmen des Projekts geliefert oder produziert werden müssen, damit das Endprodukt entstehen kann. Man hat hierfür den Begriff „Deliverables" geprägt. Nehmen wir ein Unternehmen, das Häuser baut und verkauft; hier wird man folgende Deliverables benennen: Baugenehmigung, Finanzen, Bauvorgang, Energieversorgung, Marketing.

Sie identifizieren sämtliche Aufgaben, die ausgeführt werden müssen, damit die Deliverables zur Verfügung stehen. Um zum Beispiel die Baugenehmigung zu erhalten, müssten Sie den Antrag auf Baugenehmigung ausfüllen und einreichen, einen Termin mit der Baubehörde wahrnehmen, über eventuell geforderte Veränderungen verhandeln.

Sie kalkulieren, welcher zeitliche Rahmen und welche Ressourcen für die Erfüllung dieser Aufgaben erforderlich sind.

### PLANUNG UND KOSTEN

In dem Maß, wie das Projekt fortschreitet, steigen die Kosten und gleichzeitig nimmt der Spielraum rapide ab. Natürlich sollte der Projektmanager immer darauf vorbereitet sein, den Plan zu verbessern, wenn es angemessen ist; allerdings sollte ein gut durchdachter Projektplan verhindern, dass zu einem Zeitpunkt, da der Großteil der Gelder bereits investiert ist und die Möglichkeiten entsprechend begrenzt sind, irgendwelche Situationen auftreten, die größere Veränderungen erforderlich machen.

Sie stellen die Abhängigkeiten fest, die zwischen den einzelnen Aufgaben bestehen. (Mehr zu diesem Thema siehe Seite 44 f.)

Sie bestimmen für jede Aufgabe einen Verantwortlichen.

Sie verpassen Ihrem Plan den Feinschliff, indem Sie Risiken einschätzen, Meilensteine zur Rückschau setzen etc.

Nachdem Sie klar definiert haben, was Sie erreichen wollen, stellen Sie in einem nächsten Schritt einen detaillierten Plan auf, wie Sie zu dem angestrebten Resultat gelangen werden. Schlüsseln Sie darin sämtliche Aufgaben, Zeitvorgaben und Verantwortlichkeiten auf.

## Woran die Planung scheitern kann

Häufig wird der Fehler gemacht, dass man im Interesse der Flexibilität ganz auf eine Planung verzichtet. Dem liegt die irrtümliche Annahme zu Grunde, einem einmal formulierten Plan müsse stur und buchstabengetreu bis zu seiner Vollendung gefolgt werden. Andere scheitern daran, dass sie sich angesichts der großen Unbekannten namens Zukunft außerstande sehen, irgendwelche Pläne zu schmieden. Unabhängig von der Art des Projekts wird Ihr Plan immer eine Annäherung sein, die auf unvollständiger Information basiert. Wenn Sie aber wissen, was Sie erreichen wollen – und das sollten Sie, wenn Sie den Definitionsprozess durchgeführt haben! –, ist das Information genug, um einen Plan wert zu sein.

**WARNUNG VOR DER »EXEKUTIV-TAPETE«**

In manchen Projekten klebt der Plan als Statussymbol hinter dem Schreibtisch des Projektmanagers – ein Plan, der mit großem Eifer und unter Zuhilfenahme der ausgefeiltesten Raffinessen modernster Projektmanagement-Software erstellt wurde. Und damit scheint er seinen Zweck erfüllt zu haben. Den ganzen Rest des Projekts hindurch wird er kaum mehr wahrgenommen und spielt eine minimale oder überhaupt keine Rolle für die laufenden Arbeiten. Genau genommen ist der ganze Plan nicht mehr als eine großkotzige Tapete.

# Einen Plan erstellen

Der erste Schritt bei der Erstellung eines detaillierten Plans besteht darin, zwei Strukturpläne zu entwickeln: a) einen Strukturplan zur Aufschlüsselung der Deliverables *SAD* und b) einen Strukturplan zur Aufschlüsselung der Arbeit *SAA*. Der SAD stellt nichts weiter dar als eine Aufschlüsselung sämtlicher Deliverables; manche davon werden bereits in der anfänglichen Definitionsphase identifiziert worden sein. Beim SAA handelt es sich um eine Aufschlüsselung sämtlicher Aufgaben, die durchgeführt werden müssen, damit die Deliverables zur Verfügung stehen.

## Entwicklung des SAD und SAA

SAD und SAA – obgleich zwei Paar Schuhe – werden gleichzeitig entworfen: Bei beiden Plänen beginnen Sie mit einer kreativen Phase, an die sich eine logische Phase anschließt, nämlich des Bewertens und Ordnens der entwickelten Gedanken und Ideen. Sie benötigen für den im Folgenden geschilderten Planungsprozess

Haftzettel,

Schreibgeräte,

eine Wandtafel (ersatzweise Flipchart oder eine geeignete glatte Oberfläche).

## Arbeitsreihenfolge

**1.** Machen Sie sich nochmals das Ergebnis der Definitionsphase klar: Was wollen Sie erreichen? In diese Überlegung sollten Sie jegliche Einschränkungen, deren Sie sich bewusst sind, mit einbeziehen.

**2.** Nehmen Sie Haftzettel zur Hand und notieren Sie auf je ein Blatt jeweils einen Faktor, den Sie liefern müssen (Deliverables, für SAD), oder einen Arbeitsschritt, den Sie tun müssen (für SAA). Versuchen Sie zu diesem Zeitpunkt nicht, irgendwelche Wertungen vorzunehmen. Jetzt kommt es darauf an, so schnell wie möglich Ideen aufs Papier zu bringen – Schnelligkeit wirkt sich häufig kreativitätssteigernd aus!
Für den SAD sollten Substantive auf den Haftzetteln stehen – also Bezeichnungen für greifbare Objekte. Hingegen notieren Sie für den SAA Verben – nämlich Bezeichnungen für das, was Sie tun.

**3.** Kleben Sie die fertig beschrifteten Haftzettel an die Wandtafel/das Flipchart. Lassen Sie sich durch Dopplungen nicht irritieren. Versuchen Sie, so viele Haftzettel wie möglich zu produzieren.

**4.** Wenn Ihnen die Ideen ausgegangen sind, trennen Sie die Deliverables von den Aufgaben. Vielleicht stellen Sie an diesem Punkt fest, dass Sie weitere Haftzettel schreiben müssen …

**5.** Überlegen Sie sich ein System, nach dem Sie Ihre Haftzettel anordnen können. Im Falle des SAD bietet sich üblicherweise als logische Reihenfolge eine hierarchische Ordnung der Deliverables an: Untergliedern Sie die Haupt-Deliverables durch Untergruppen. Beim SAA könnten Sie sich daran orientieren, in welcher Reihenfolge die Aufgaben ausgeführt werden sollten; oder Sie gruppieren diejenigen Aufgaben zusammen, die von derselben Person oder Abteilung erledigt werden, und überlegen, wie diese Aufgabengruppen nacheinander durchzuführen sind.

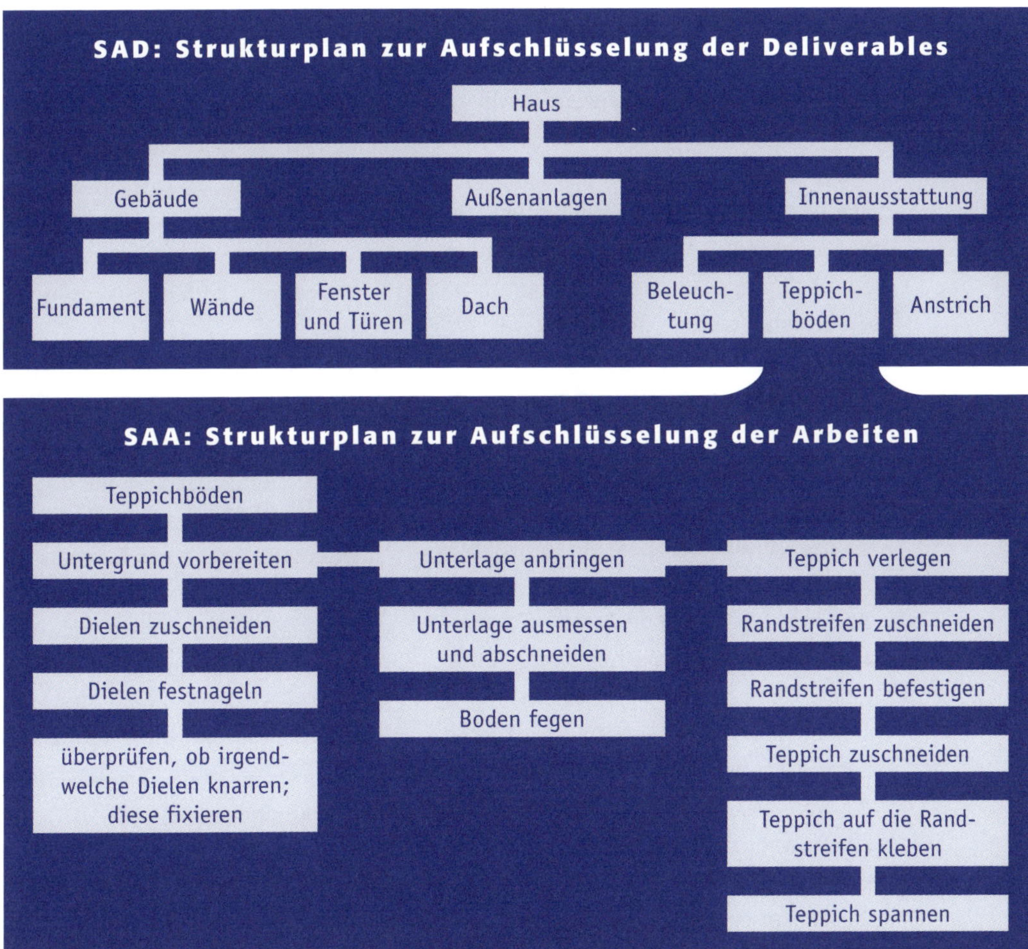

# Vom SAA zum Projektplan

Sie haben nun so viele Arbeitsschritte identifiziert, wie dies zum augenblicklichen Zeitpunkt möglich ist. Der nächste Schritt besteht darin, einen Plan aufzustellen, wie die Arbeit am effizientesten zu bewältigen ist. Gehen Sie folgendermaßen vor:

**1. Irrelevante Aufgaben identifizieren**
Es wird gelegentlich vorkommen, dass Sie Elemente oder ganze Bereiche Ihres SAD und SAA unter den Tisch fallen lassen müssen, weil sie nicht in den Rahmen Ihres aktuellen Projekts fallen. Vielleicht müssen Sie auch neue Haftzettel schreiben, um klar zu stellen, was exakt getan werden muss; oder um Aufgaben in mehrere Unteraufgaben aufzugliedern bzw. umgekehrt mehrere kleinere Aufgaben zu einer einzigen Aufgabe zusammenzufassen.

**2. Die benötigten Ressourcen identifizieren**
Bestimmen Sie, welche Ressourcen die Erledigung jeder einzelnen Aufgabe verlangt. Wenn das Projekt z. B. darin besteht, das Unternehmen in ein neues Gebäude zu verlagern, werden Sie für die Aufgabe „Design des neuen Büros" einen Innenarchitekten benötigen. Sofern solche Ressourcen mit Barauslagen verbunden sind, müssen diese notiert werden.

**3. Die erforderliche Zeit abschätzen**
Betrachten Sie in diesem Stadium nur die „reine Arbeitszeit", also die Zeit, die tatsächlich in den Arbeitsprozess einfließt. Beziehen Sie sich immer auf dieselbe Zeiteinheit – Stunden, Tage, Wochen oder Monate, je nachdem. Später müssen Sie die Zeitangabe möglicherweise auf die „verstrichene Zeit" hochrechnen. Im angeführten Beispiel (siehe Abbildung) werden aus den sieben Tagen reiner Arbeitszeit vermutlich neun Tage verstrichener Zeit, es sei denn, der Designer arbeitet das Wochenende durch.

**4. Eventuelle Abhängigkeiten feststellen**
Manche Aufgaben sind flexibel bezüglich Reihenfolge und Timing. Man kann sie alle gleichzeitig beginnen und unabhängig voneinander zu Ende bringen. Wenn zum Beispiel das Projekt in der Innenausstattung eines Zimmers besteht, kann einer die Vorhänge nähen, während ein anderer die Wände streicht. Es gibt aber auch Aufgaben, die von anderen Aufgaben abhängen. Wir kennen zwei Varianten von Abhängigkeiten: logische Abhängigkeit und ressourcenbedingte Abhängigkeit.

Logische Abhängigkeit liegt vor, wenn Aufgaben aus Gründen der Logik aufeinander folgen müssen. Beispiel: Die Teppiche sollten erst verlegt werden, wenn die Malerarbeiten abgeschlossen sind.

Ressourcenbedingte Abhängigkeit liegt vor, wenn zwei Aufgaben dieselbe(n) Ressource(n) erfordern und deshalb unmöglich gleichzeitig durchgeführt werden können. Beispiel: Wenn sämtliche Malerarbeiten durch ein und dieselbe Person erledigt werden, können nicht gleichzeitig die Wände und die Holzteile gestrichen werden.

## Zeitliche Abhängigkeiten

Aufgaben können in unterschiedlicher Weise zeitlich voneinander abhängig sein. Am verbreitetsten ist die Form Ende – Anfang: Der Abschluss der einen Aufgabe ist Voraussetzung für den Beginn der anderen Aufgabe. Sie können jedoch auch die folgenden Varianten vorfinden:

### Anfang – Anfang

Zwei Aktivitäten müssen zur gleichen Zeit begonnen werden. Nehmen wir ein Unternehmen, das kurz davor steht, ein neues Produkt auf dem Markt einzuführen. Hier wird man versuchen, die Wirkung der Marketingaktivitäten durch gleichzeitige PR- und Werbemaßnahmen zu maximieren.

### Ende – Ende

In diesem Falle müssen zwei Aufgaben zur selben Zeit beendet sein. Manche Kochrezepte verlangen es, mehrere Zutaten so vorzubereiten, dass sie zu exakt demselben Zeitpunkt für eine gemeinsame Weiterverarbeitung bereit sind. Der fähige Küchenchef weiß ganz genau, wann er mit welcher Arbeit beginnen muss, damit ihm dies gelingt.

### Gestaffelter Anfang

Manchmal kann mit einer Aufgabe begonnen werden, bevor die vorherige Aufgabe ganz abgeschlossen ist. Ein Farmer mit drei Traktoren kann ein Feld gleichzeitig pflügen, eggen und besäen und damit die Arbeit in der geringstmöglichen Zeit erledigen. Die zeitliche Verzögerung zwischen den Arbeitsgängen wird davon abhängen, wie schnell die einzelnen Arbeitsvorgänge relativ zueinander ablaufen.

# Die Einschätzung des Zeitfaktors

Die für die einzelnen Aufgaben benötigte Zeit einzuschätzen kann eine der schwierigsten Operationen beim Planungsprozess darstellen. Vor allem deshalb, weil man sich bei vielen Projekten auf unbekanntes Territorium begibt, sich aber bei der Zeiteinschätzung auf Erfahrungswerte stützen muss.

## Verstrichene Zeit

Eine weitere Schwierigkeit im Zusammenhang mit der Zeiteinschätzung besteht darin, dass die reine Arbeitszeit oft beträchtlich von der tatsächlich verstrichenen Zeit abweicht. Um ein Beispiel zu geben, nehmen wir an, eine Autorin braucht zwei Tage, um einen Zeitschriftenartikel zu schreiben. Wenn sie aber weitere Verpflichtungen hat, dauert es vielleicht zehn Tage, bis sie den Artikel liefern kann. Die reine Arbeitszeit beträgt also zwei Tage, die verstrichene Zeit hingegen zehn Tage.
Druck, der von anderen ausgeübt wird, kurzfristigere Deadlines und die Notwendigkeit, die Terminkalender von schwer beschäftigten Leuten aufeinander abzustimmen, sind die hauptsächlichen Ursachen dafür, dass zusätzlich zur reinen Arbeitszeit weitere Zeit verstreicht.

## Tipps zur Zeiteinschätzung

Die folgenden Tipps sollten Ihnen helfen, den Zeitfaktor genau einzuschätzen:

Spalten Sie größere Aufgaben in kleinere Elemente auf, die sich besser handhaben lassen.

Bringen Sie die reine Arbeitszeit und die tatsächlich verstrichene Zeit nicht durcheinander! Ordnen Sie den Aufgaben die benötigte Arbeitszeit zu und errechnen Sie dann jeweils eine realistische Deadline.

Verwenden Sie ähnliche Aufgaben als Maßstab für Ihre Einschätzung.

Machen Sie sich die Erfahrung der anderen zu Nutze, um Ihre Vorstellungen zu ergänzen oder zu bestätigen.

## EINE FORMEL ZUR ZEITEINSCHÄTZUNG

Angenommen, Sie müssen einen Mitarbeiter mit einer spezifischen technischen Fähigkeit einstellen. Sie haben die Bewerbung eines viel versprechenden Kandidaten vorliegen, der auf der Stelle bei Ihnen beginnen könnte und mit dem Sie noch in dieser Woche einen Vorstellungstermin vereinbart haben. Zusätzlich haben Sie eine Vermittlungsagentur beauftragt und werden – sofern erforderlich – für den nächsten Samstag ein Zeitungsinserat aufgeben. Nun schätzen Sie die Zeit für die Aufgabe „Einstellung eines Mitarbeiters" wie folgt ein:

$t_{opt}$: 1 Woche (Zeit bei optimistischer Schätzung)
$t_{wahr}$: 12 Wochen (die wahrscheinliche Zeit)
$t_{pess}$: 14 Wochen (Zeit bei pessimistischer Schätzung)

Um zu einer realistischen Zeitannahme zu gelangen, rechnen Sie wie folgt:

$(t_{opt} + 4\ t_{wahr} + t_{pess})\ /\ 6$

Das wären in unserem Beispiel:
(1 + 48 + 14) Wochen / 6 = 10,5 Wochen

Wenn eine zeitliche Verzögerung schwerwiegende Folgen hätte, empfiehlt es sich, die Formel zu Gunsten einer stärkeren Gewichtung der pessimistisch geschätzten Zeit abzuändern:

$(t_{opt} + 3\ t_{wahr} + 2\ t_{pess})\ /\ 6$

Man erhält damit für das Beispiel der Anstellung eines Mitarbeiters:
(1 + 36 + 28) Wochen / 6 = 10,8 Wochen

# Abhängigkeitsnetzplan

Sie haben nun ermittelt, wie viel Zeit Sie für welche Aufgabe veranschlagen müssen und welche Abhängigkeiten zwischen den einzelnen Aufgaben bestehen. Nun können Sie einen Abhängigkeitsnetzplan erstellen, der diese Information für das gesamte Projekt veranschaulicht. Der Vorteil eines solchen Plans: Er zeigt, in welcher Weise die Aufgaben miteinander verknüpft sind. Der Schwachpunkt: Nicht immer wird die Beziehung zwischen der „Projektzeit" und der „Kalenderzeit" deutlich (d. h., Sie können aus dem Plan nicht unbedingt ersehen, an welchem Tag oder in welcher Woche welche Aufgaben anstehen).

Die unten stehende Abbildung stellt die Aufgaben und Abhängigkeiten in Form eines einfachen Netzplanes dar. Bei dem gewählten Projektbeispiel handelt es sich um die Vorbereitung einer Präsentation.

## Den Abhängigkeitsnetzplan lesen

Man liest einen Abhängigkeitsnetzplan von links nach rechts. Diese Linien stellen die Logik dar, nach der die einzelnen Aufgaben aufeinander folgen; dort, wo Aufgaben unabhängig voneinander ausgeführt werden können, verzweigt sich der Netzplan.

In dem gegebenen Beispiel kann die Herstellung der visuellen Hilfsmittel und schriftlichen Unterlagen erst beginnen, wenn Vorentwurf und Briefing gelaufen sind. Sobald jedoch die Herstellung im Gange ist, kann sie unabhängig von allen anderen Aufgaben weitergeführt werden. Sie muss beendet sein, bevor der Probedurchlauf stattfinden kann.

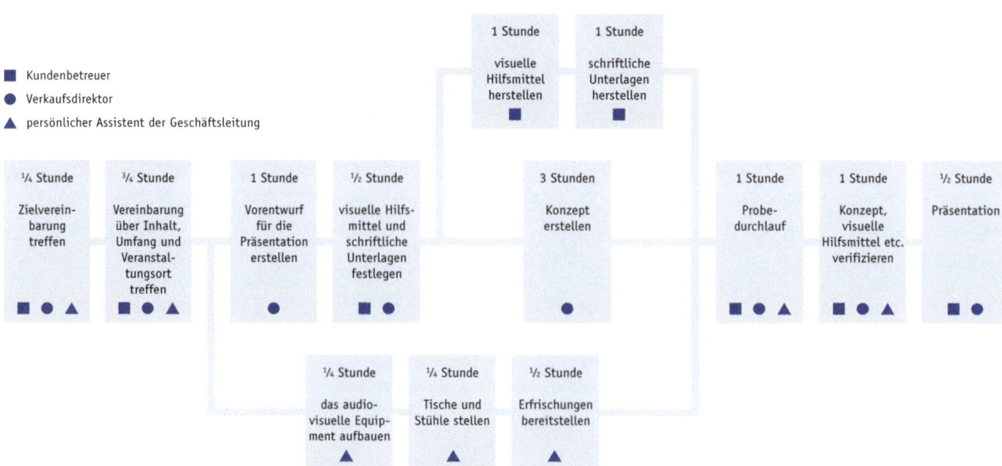

# Die Bestimmung des kritischen Pfads

Wenn Sie einen Abhängigkeitsnetzplan aufgezeichnet haben, ist es relativ einfach, die kürzest mögliche Zeit herauszufinden, in der das Projekt zum Abschluss gebracht werden kann.

## Im „Vorwärtspass" durch den Plan

Sie beginnen am linken Ende des Netzplans und addieren die Zeiten, die für die beiden ersten Aufgaben veranschlagt sind. Die Summe notieren Sie auf dem zweiten Haftzettel, und zwar in der rechten oberen Ecke (siehe Abb.). Sie repräsentiert die Zeit, die mindestens benötigt wird, bis – von Beginn des Projekts an gerechnet – die zweite Aufgabe erledigt ist. In analoger Weise wandern Sie durch den gesamten Netzplan und vermerken die kumulative Gesamtzeit auf jedem Haftzettel, sprich zu jeder Aufgabe.

Wo sich nach einer Verzweigung mehrere Pfade vereinen, muss natürlich der höchste Wert für die Weiterrechnung herangezogen werden. Beispiel: Der Probedurchlauf kann erst dann stattfinden, wenn sowohl die schriftlichen Unterlagen als auch das Konzept erstellt sind. Folglich kann damit frühestens 5 1/2 Stunden nach Projektbeginn begonnen werden; entsprechend wird er nicht früher als 6 1/2 Stunden nach Projektbeginn beendet sein.

## Der kritische Pfad

Folgt man denjenigen Aufgaben, die jeweils zum höchsten Wert beitragen, durch den gesamten Netzplan hindurch, so erhält man den sog. „kritischen Pfad". Der kritische Pfad veranschaulicht die kürzest mögliche Zeit, in der ein Projekt abgewickelt werden kann. Er lässt sich nicht immer so leicht ermitteln wie in unserem Beispiel; bei komplexen Projekten müssen Sie möglicherweise Planungssoftware zu Hilfe nehmen.

## Der kritische Pfad

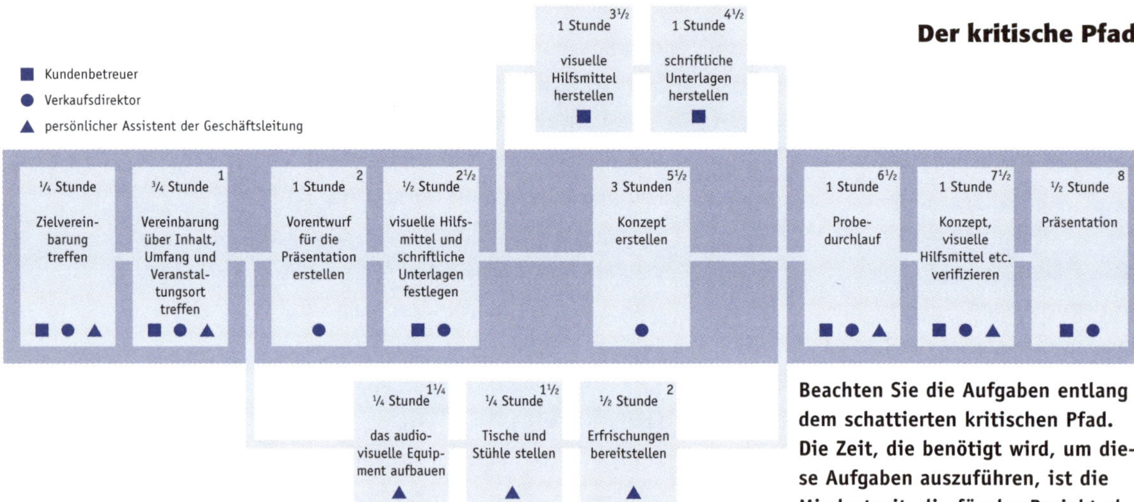


**Beachten Sie die Aufgaben entlang dem schattierten kritischen Pfad. Die Zeit, die benötigt wird, um diese Aufgaben auszuführen, ist die Mindestzeit, die für das Projekt als solches veranschlagt werden muss, und beträgt 8 Stunden.**

# Den zeitlichen Spielraum berechnen

## Im „Rückwärtspass“ durch den Plan

Manchmal ist es gut zu wissen, an welchen Stellen – natürlich nur bei Aufgaben außerhalb des kritischen Pfads – Sie welchen zeitlichen Spielraum haben. Zu diesem Zweck notieren Sie die Gesamtzeit, die für den kritischen Pfad benötigt wird, in der rechten unteren Ecke der letzten Aufgabe. Von dieser Zahl subtrahieren Sie die Zeit, die für diese letzte Aufgabe veranschlagt wurde, und notieren das Ergebnis in der rechten unteren Ecke der vorhergehenden Aufgabe. Gehen Sie analog vor, indem Sie sich in Rückwärtsrichtung durch den ganzen Netzplan arbeiten. In der rechten unteren Ecke jedes Haftzettels ist dann die Zeit vermerkt, nach der die entsprechende Aufgabe erledigt sein muss.

## Der Spielraum

Bei Aufgaben außerhalb des kritischen Pfads unterscheiden sich die obere und die untere Zahl: die obere (kürzest mögliche Zeit bis zur Erledigung) ist niedriger als die untere (Zeit, nach der die Aufgabe spätestens erledigt sein muss). Die Differenz gibt den zeitlichen Spielraum an, d. h., sie besagt, wie lange Sie eine Aufgabe aufschieben oder zurückstellen können, ohne dadurch die Gesamtdauer des Projekts zu verlängern. Dort, wo sich zwei Pfade durch eine Verzweigung vereinen, könnten Sie zwei unterschiedliche Ergebnisse auf den Haftzettel schreiben; entscheiden Sie sich für den kleineren Wert. In unten stehendem Beispiel müssen die visuellen Hilfen nach 4 1/2 Stunden fertig sein; da ihre Herstellung 1 Stunde dauert, würde es genügen, wenn das vorhergehende Briefing nach 3 1/2 Stunden abgeschlossen wäre. Jedoch muss das Konzept, dessen Erstellung 3 Stunden in Anspruch nimmt, nach 5 1/2 Stunden vorliegen, und das klappt nicht mehr, wenn besagtes Briefing nicht spätestens nach 2 1/2 Stunden beendet ist.

## Der kritische Pfad

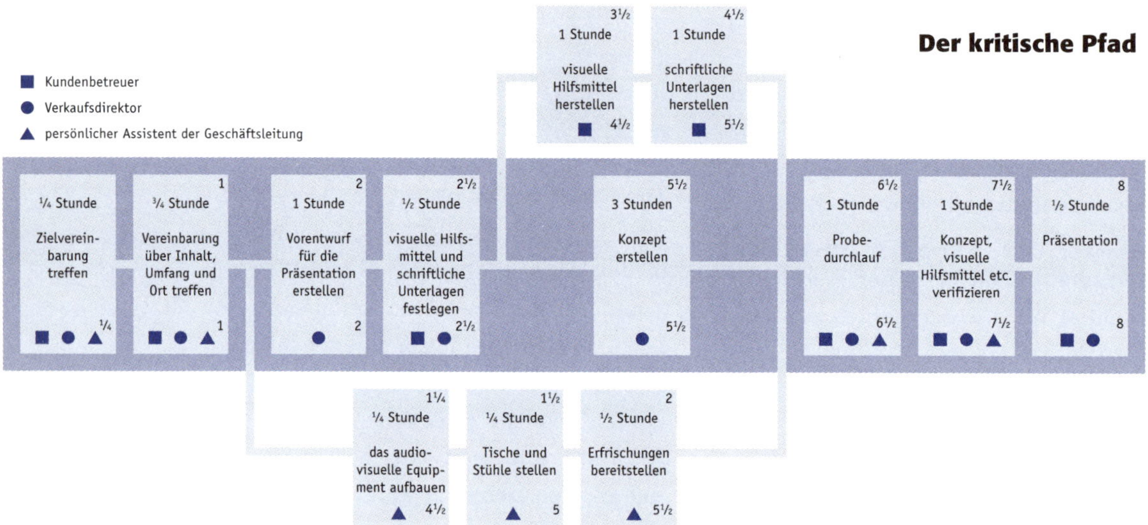

# Analyse des kritischen Pfads: praktische Anwendung

**Jede Aufgabe kann zur kritischen Aufgabe werden – sie muss nur ihrer ursprünglichen Deadline lange genug hinterherhinken.**

Wir haben den kritischen Pfad bereits als offensichtlich nützlich für die Zeitplanung kennen gelernt; gleichermaßen hilfreich ist er für Ihre Entscheidung, wie Sie die einzelnen Aufgaben verteilen wollen. Besondere Aufmerksamkeit muss der Vergabe von Ressourcen an solche Aufgaben gewidmet werden, die auf oder nahe dem kritischen Pfad liegen.

## Die Vergabe kritischer Aufgaben

Wem übertragen Sie diejenigen Aufgaben, die Bestandteil des kritischen Pfads sind oder nur geringen zeitlichen Spielraum haben? Häufig – aber nicht immer! – ist es eine gute Idee, sie an Ihre kompetentesten und engagiertesten Leute zu vergeben.

Widerstehen Sie der Versuchung, sämtliche kritischen Aufgaben selbst zu übernehmen! Andernfalls wird es Ihnen kaum möglich sein, die Aktivitäten der anderen zu koordinieren und wo nötig als Krisenmanager zu agieren. Außerdem sind Sie dann wahrscheinlich für jegliche Abweichung vom Zeitplan selbst (mit) verantwortlich … wie sollten Sie unter diesen Umständen jemand anderen kritisieren, der seine Deadline überzieht?

Manchmal kann es sogar ein kluger Schachzug sein, die Stakeholder mit negativer Haltung in kritische Aufgaben einzubinden. Sie nehmen ihnen damit ein wenig den Wind aus den Segeln: Wer kritisiert schon gern, was er selbst verbockt hat!

## Planen Sie Kontrollen ein

Solche Kontrollen sind bei Aufgaben entlang dem kritischen Pfad häufiger notwendig als bei weniger kritischen Aufgaben.

Stellen Sie sicher, dass in Ihrem Terminkalender für jede kritische Aufgabe zumindest ein Termin vermerkt ist, zu dem Sie den Stand dieser Aufgabe überprüfen. Legen Sie diesen Termin früh genug, damit eventuell notwendige Kurskorrekturen oder Berichtigungen noch vor Ablauf der Deadline ausgeführt werden können. Häufig ist es sinnvoll, ein eigenes Eskalationsverfahren zu installieren, das Sie unverzüglich von einem eventuell auftretenden Problem in Kenntnis setzt. Beispielsweise könnte die Projektmanagerin mit einem Teammitglied die Vereinbarung treffen, dass der Betreffende in einer bestimmten Woche keine zusätzliche Verpflichtung annimmt, ohne mit ihr Rücksprache zu halten.

## Nützen Sie den zeitlichen Spielraum als Chance

Aufgaben mit zeitlichem Spielraum können Sie als Gelegenheit nutzen, Ihre Leute hinsichtlich neuer Fertigkeiten zu trainieren. Häufig sucht jemand in einem Projekt zu arbeiten, weil er darin die Chance zur persönlichen Weiterentwicklung sieht. Scheuen Sie sich nicht davor, unerfahrene Leute an solche Aufgaben heranzulassen, die weit vom kritischen Pfad entfernt sind.

## Behalten Sie den kritischen Pfad im Auge

Der Projektmanager ist verpflichtet, in regelmäßigen Abständen den Fortschritt des Projekts mit dem kritischen Pfad zu vergleichen, weil sich dieser im Lauf des Projekts ändern kann. Hierbei besteht die Gefahr, sich ausschließlich auf die Aufgaben entlang dem kritischen Pfad zu konzentrieren. Doch andere Aufgaben ähnlicher Dauer, die zur selben Zeit an der Reihe sind, können genauso wichtig sein.

# Risikoanalyse

Jeder Projektplan ohne Ausnahme sollte die Möglichkeit in Betracht ziehen, dass etwas schief läuft; es sollten von vornherein Verfahren zur Problemlösung entwickelt werden. Risiken einzuschätzen und sie in den Plan einzubeziehen ist deshalb während der Planungsphase eine wichtige Verantwortung des Projektmanagers.

## Risikotypen

Für die Risiken, die ein Projekt birgt, können eine ganze Reihe von Ursachen verantwortlich sein. Der Projektmanager muss jedoch nur solche Risiken im Auge behalten, die einen der folgenden drei Projektparameter betreffen: Zeit, Kosten und Qualität.

### MÖGLICHE RISIKOURSACHEN

- **Personell bedingte Ursachen**
  Sind die Mitarbeiter verfügbar?
  Sind sie engagiert?
  Sind sie fähig und kompetent?
  Wissen sie, was von ihnen erwartet wird?
- **Technische Ursachen**
  Ist die Technologie erprobt?
  Ist sie zuverlässig?
  Ist sie verfügbar?
  Kommt man mit ihr zurecht?
- **Firmenpolitische Ursachen**
  Herrscht Einigkeit über die Notwendigkeit des Projekts?
  Besitzt der Sponsor Autorität über die Stakeholder-Gruppe?
  Wie einflussreich sind die Stakeholder, die dem Projekt negativ gegenüberstehen?
  Funktioniert die Kommunikation mit den Stakeholdern gut?
- **Finanzielle Ursachen**
  Habe ich Kontrolle über die Projektgelder?
- **Vertragliche/rechtliche Ursachen**
  Besteht für mich oder meine Firma vertraglich oder rechtlich eine Haftpflicht für irgendwelche Fehlschläge an irgendeiner Stelle im Projektverlauf?
- **Körperliche Ursachen**
  Ist die Durchführung der Projektaufgaben mit körperlichen Risiken verbunden?
- **Geologische und wetterbedingte Ursachen**
  Wie kann sich das Wetter auf mein Projekt auswirken?
  Welche geologischen Faktoren könnten den Erfolg des Projekts gefährden?

## Einschätzung des Risikos

Bei der Einschätzung des Risikos müssen zwei Faktoren bedacht werden:

Wie hoch ist die Wahrscheinlichkeit, dass das Risiko eintritt?

Wenn es eintritt – wie gravierend sind die Folgen?

Versuchen Sie, das Risiko für beide Faktoren jeweils auf einer Skala von 1 bis 10 einzuordnen (siehe Abb.). Geht es beispielsweise um das Risiko eines Arbeitskampfes, würden Sie meinen, ein solcher sei nicht sehr wahrscheinlich; also ordnen Sie diesem Risiko auf der Wahrscheinlichkeitsskala den Wert 3 zu. Allerdings wären die Folgen sehr gravierend, d. h., Sie werten mit einer 9 auf der anderen Skala. Nehmen Sie nun die beiden Wertigkeiten und multiplizieren Sie sie miteinander. Das Resultat liegt irgendwo zwischen 1 und 100; je höher der Wert, desto ernster müssen Sie das Risiko nehmen.

## Risikobezogen planen

Vermutlich enthält so gut wie jede Aufgabe in Ihrem Projekt irgendeinen Risikofaktor. Der Projektmanager darf darüber nicht den Kopf verlieren, aber er darf ihn auch nicht in den Sand stecken. Die entscheidende Frage ist: Ab wann muss er ein Risiko als Gefährdung für sein Projekt betrachten?
Die übliche Empfehlung besagt, man nehme den Wert 25 auf der Risikoskala (sprich durchschnittliche Wahrscheinlichkeit x durchschnittlichem Schweregrad, s. o.) als Schwellenwert. Jede Aufgabe, deren Risiko höher eingeschätzt wird als 25, muss schon im Vorfeld im Auge behalten werden; ferner muss sie während des gesamten Ablaufs sorgfältiger auf ihren Fortschritt beobachtet

| | | | | | | | | | |
|---|---|---|---|---|---|---|---|---|---|
| **WAHRSCHEINLICHKEIT** | | | | | | | | | |
| höchst unwahrscheinlich ← | | | relativ wahrscheinlich | | | → äußerst wahrscheinlich | | | |
| 1 | 2 | 3 | 4 | 5 | 6 | 7 | 8 | 9 | 10 |

| | | | | | | | | | |
|---|---|---|---|---|---|---|---|---|---|
| **SCHWEREGRAD** | | | | | | | | | |
| trivial ← | | | relativ ernst | | | → sehr gravierend | | | |
| 1 | 2 | 3 | 4 | 5 | 6 | 7 | 8 | 9 | 10 |

werden als üblich. Möglicherweise empfiehlt es sich auch, für die größten Risiken einen Krisenplan in der Schublade bereitzuhalten.

## Risiken schriftlich niederlegen

Haben Sie die Aufgaben mit überdurchschnittlichem Risiko identifiziert, wird es Ihnen weiterhelfen, sie in Form eines Risikoverzeichnisses schriftlich niederzulegen. Dabei können Sie sich etwa an der unten abgebildeten Form orientieren. Der Vorteil eines solchen Vorgehens: Sie sind vorbereitet auf ein eventuelles Problem, das andernfalls eine böse Überraschung bedeuten könnte.
In vielen Fällen ist es wichtig, aktiv nach frühzeitigen Problemindikatoren Ausschau zu halten. Wenn Sie beispielsweise jemanden beauftragt haben, innerhalb von fünf Tagen 400 Personen als Interviewpartner für Marktforschungszwecke anzuwerben, und Sie am Ende des ersten Tages nicht mehr als 20 Personen haben, wäre dies ein Alarmsignal. Davon bekommen Sie natürlich nur dann Wind, wenn Sie einen täglichen Fortschrittsbericht erbitten.

## Mit dem Risiko umgehen

Der ganze Aufwand um die Risikoplanung lohnt nur dann, wenn Sie – nachdem Sie ein Risiko als solches identifiziert haben – auch in der Lage sind, etwas dagegen zu tun. Es gibt drei wesentliche Methoden, mit dem Risiko umzugehen:

**Vermeiden**
Finden Sie die Ursache des Risikos heraus und versuchen Sie, es zu vermeiden. Im oben genannten Beispiel könnten Sie zu der Einsicht gelangen, dass es unmöglich ist, innerhalb von fünf Tagen 400 Interviewpartner anzuwerben; der Ausweg bestünde darin, für die Umfrage einen kleineren Stichprobenumfang in Betracht zu ziehen.

**Abwenden**
Versuchen Sie, jemanden zu finden, der einen Teil des Risikos abdeckt oder übernimmt, so dass Sie die Folgen nicht allein tragen müssen. Sie könnten z. B. die Verantwortung für die Anwerbung der Interviewpartner dem Kunden übertragen.

**Einen Krisenplan erstellen**
Sie sollten einen Krisenplan in der Schublade haben, mit dessen Hilfe Sie Ihre Pläne auch bei Eintreten des Risikos weitgehend aufrechterhalten können. Betrachten wir noch einmal das obige Beispiel: Sie könnten mehr Leute beauftragen, die benötigten 400 Interviewpartner anzuwerben; Sie könnten es mit einer anderen Datenbank versuchen oder die Auswahlkriterien lockern.

# Planung im Team

**Gehen Sie nicht davon aus, dass jeder, der an dem Planungs-Meeting teilnimmt, ein künftiges Teammitglied sein muss. Auf der einen Seite kann es die Briefing-Zeit verkürzen, wenn die Leute mit dem zu diskutierenden Thema bereits vertraut sind; auf der anderen Seite bedeutet ein gewisser Abstand auch die Chance auf eine andere Perspektive.**

Der Projektmanager allein kann die bisher besprochenen Planungsaktivitäten kaum durchführen; hier ist das gesamte Team gefragt.

Das Planungs-Meeting sollte sich dabei aus drei Abschnitten zusammensetzen: die kreative Phase, in der das Team so viele Ideen wie nur möglich auf den Tisch bringt; die Bewertungsphase, in der man die Vorzüge der geäußerten Gedanken beurteilt und die besten Ideen auswählt; die Planungsphase, in der das Team darüber beschließt, wie diese Ideen in die Tat umgesetzt werden sollen.

## Der Facilitator

Die Hauptverantwortung für das Brainstorming liegt in den Händen des Facilitator (Kunstwort von engl. „to facilitate" = [eine Verhandlung] unterstützen – Anm. d. Übersetzers). Häufig übernimmt der Projektmanager selbst diese Rolle.

Der Facilitator sollte das Planungstreffen beginnen, indem er sich davon überzeugt, dass Zielsetzung und Rahmen des Projekts allen Anwesenden klar sind. Dann muss er für ausreichend Disziplin sorgen, um Beurteilungen und Bewertungen der zusammengetragenen Ideen aus der kreativen Phase herauszuhalten. Während der Bewertungsphase besteht die Hauptaufgabe des Facilitator darin, jedem Einzelnen die Möglichkeit zu geben, seine Ideen und Gedanken vorzubringen und eventuelle Bedenken zu äußern. Schließlich sollte der Facilitator die Gruppe in der Planungsphase dazu bewegen, sich für bestimmte Aktionen, Zeitpläne und Zuständigkeiten zu verpflichten.

## Der Problemeigner

Idealerweise sollte die Rolle des Problemeigners vom Kunden bzw. Endverbraucher übernommen werden. Wenn dies nicht möglich ist, wäre der Sponsor die zweitbeste Adresse. Der Problemeigner ist verantwortlich dafür, die Gruppe auf irgendwelche spezifischen Probleme aufmerksam zu machen, die gelöst werden müssen; ihm obliegt es auch, den Wert der vorgebrachten Ideen zu ermitteln.

Der Problemeigner fasst mit wenigen Worten die Zielsetzung zusammen und wählt am Ende der kreativen Phase die besten Ideen aus.

## Ressourcen

Alle anderen Teammitglieder fungieren als Ressourcen. Ihre Aufgabe ist, eine Fülle von Ideen zu produzieren.

Ideal wäre, wenn es sich bei diesen Ressourcen um Teammitglieder handelte, die dann am Projekt mitarbeiten; jedoch wird sich erst später herausstellen, ob dies Fall ist.

# Die Darstellung des Projektplans

Es gibt verschiedene Möglichkeiten, Ihre Pläne auf Papier zu bringen (oder im Computer darzustellen). Spezielle Projektmanagement-Software bietet normalerweise eine Fülle von Optionen an; davon sind manche ganz gezielt entwickelt worden, um bestimmte Aspekte des Projekts zu identifizieren und ständig zu überwachen. Der Abhängigkeitsnetzplan ist ein nützliches Instrument, um den Arbeitsfluss für das gesamte Projekt darzustellen. Zwei andere Darstellungsformen, mit denen Projektmanager gern arbeiten, sind das Balkendiagramm (Gantt Chart) und das Histogramm.

## Gantt Charts

Im Gantt Chart wird dargestellt, innerhalb welcher Zeiträume (innerhalb des Projektzeitplans) die einzelnen Aufgaben angepeilt sind. Die horizontale Achse ist die Zeitachse; in vertikaler Richtung werden die Aufgaben aufgelistet. Die Dauer und zeitliche Ansiedlung jeder Aufgabe wird dabei in Form einer horizontalen Linie oder eines horizontalen Bandes veranschaulicht.

Der Vorteil des Gantt Chart besteht darin, dass man mit einem Blick grob die verschiedenen Projektphasen erfassen und jedem Event ein Echtzeit-Datum zuordnen kann. Außerdem kann das Projektteam mit seiner Hilfe unschwer den Fortschritt des Projekts im Vergleich zur ursprünglichen Planung beobachten.

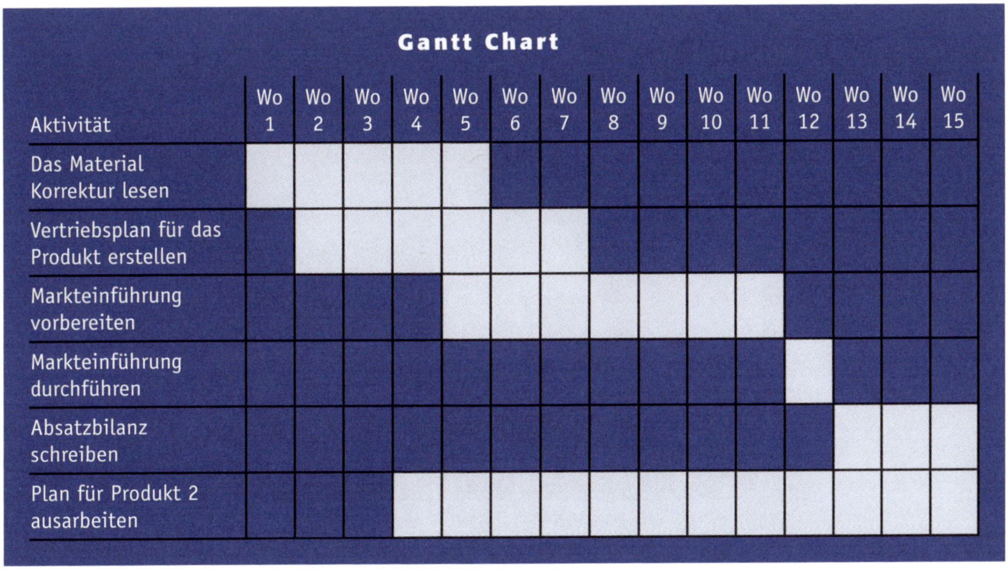

## Histogramme

Mit Hilfe von Histogrammen (sprich Säulendiagrammen) kann dargestellt werden, welche Ressourcen in den verschiedenen Projektphasen zum Einsatz kommen. Histogramme alarmieren den Projektmanager dahingehend, zu welchen Zeitpunkten mehr Ressourcen benötigt werden, als zur Verfügung stehen.

Betrachten Sie das unten abgebildete Histogramm: Angenommen, im internen Team gibt es nur fünf Techniker, dann müssen Sie für die Mehrarbeit in den Wochen 4, 5, 7 und 9 entweder zusätzliche Ressourcen akquirieren – oder aber Sie verlängern die Projektdauer, so dass Ihre eigenen Techniker die Arbeit bewältigen können. Unterschätzen Sie nicht, wie wertvoll es ist, Probleme dieser Art bereits in der Planungsphase zu erkennen!

## Die Wahl der Darstellungsform

Der Projektmanager hat das Recht zu entscheiden, welche dieser Darstellungsformen seinem Zweck am besten entspricht. Als Faustregel gilt: Für die meisten ist der Abhängigkeitsnetzplan das geeignetste Instrument, um den Plan zu *entwickeln*; steht aber der Plan, lässt sich mit Hilfe des Gantt Chart leichter mitverfolgen, welcher Fortschritt sich im Lauf des Projekts abzeichnet.

**Histogramm**

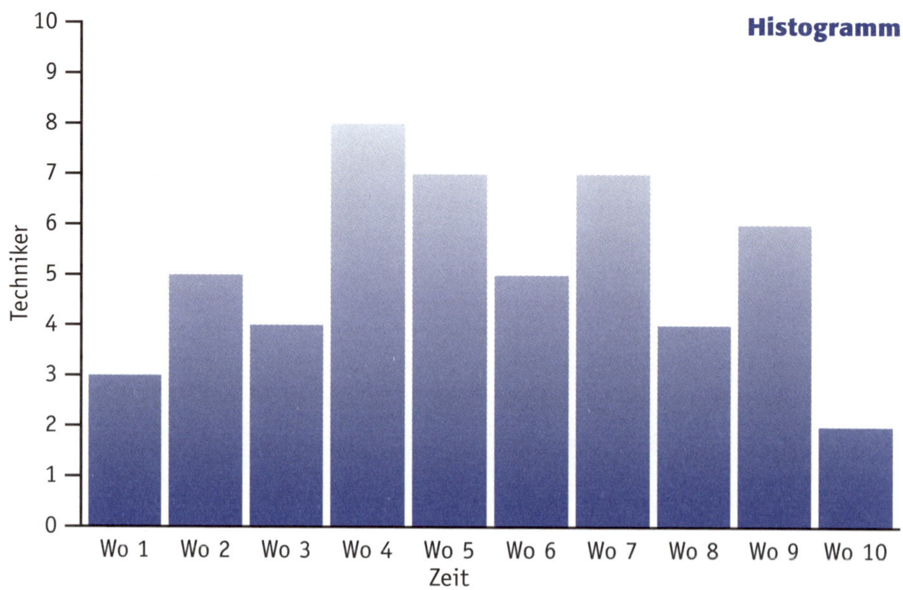

# Software

Es gibt spezielle Computersoftware für die Planung und Koordinierung von Projekten. Sollte also Ihr Projekt zu unübersichtlich sein, um es von Hand zu planen und zu koordinieren, werden Sie mit einiger Sicherheit ein für Ihren Zweck ideal geeignetes Computerprogramm finden.

## Brauchen Sie es wirklich?

Projektmanagement-Software ist lediglich das Vehikel, das Ihren Projektplan ausführt. Handelt es sich um einen relativ einfachen Plan, kann es Ihnen passieren, dass der Aufwand der Computeranwendung in keinerlei Verhältnis zum Nutzen steht. Möglicherweise „verhilft" Ihnen die Software zu zusätzlicher Arbeit, anstatt Ihnen das Leben leichter zu machen.

## Computerisierte Terminkalender

Wenn Sie ein Projekt im Wesentlichen in Eigenregie durchführen und dabei mit einem relativ eingeschränkten Budget zurechtkommen müssen, wäre ein elektronischer Terminkalender für Ihre Zeitplanung nützlich. Solche Organizer sind heutzutage in vielen Bürosoftwarepaketen standardmäßig enthalten. Sie können damit Aufgaben für bestimmte Zeiten oder Tage einplanen, Erinnerungshilfen für sich oder andere einrichten und sich kontinuierlich über den Fortschritt des Projekts auf dem Laufenden halten.

## Anwendungen zur Tabellenkalkulation

Graphiken zur Darstellung etwa der budgetierten und tatsächlichen Kosten oder des Zeitverlaufs lassen sich möglicherweise mit einer Standardanwendung zur Tabellenkalkulation auf viel einfacherem Weg erstellen als mit spezieller Software. Das Standardpaket hat ferner den Vorteil, dass Sie selbst entscheiden können, wie viele oder wenige Details Ihre Abbildung enthalten soll. Abgesehen davon, dass Sie sich die Zeit sparen, sich in ein neues System einzuarbeiten.

## Spezielle Projektsoftware

Wenn Sie ganz sicher sind, dass Sie es nicht ohne spezielle Software schaffen können, gehen Sie nicht einfach los und kaufen irgendein Programm. Sondern überlegen Sie zunächst, was das Programm leisten muss, und suchen Sie dann eines, das Ihren Anforderungen gerecht wird. Sie laufen sonst Gefahr, unwichtige Programmmerkmale wichtig zu nehmen, nur weil man Sie auf deren Existenz aufmerksam macht.

# Checkliste Planung

## CHECKLISTE PLANUNG

1. Projektrahmen und -zielsetzung in wenigen Worten erneut darstellen.
2. Die Deliverables für das Projekt im Brainstorming ermitteln. Einen Strukturplan zur Aufschlüsselung der Deliverables (SAD) erstellen.
3. In einem Brainstorming die Arbeiten (Aufgaben) ermitteln, die erforderlich sind, um die Deliverables zu schaffen. Einen Strukturplan zur Aufschlüsselung der Arbeiten (SAA) erstellen.
4. Zu jeder Aufgabe notieren, wie viel Zeit Sie dafür veranschlagen (reine Arbeitszeit).
5. Eine erste Reihenfolge der Aufgaben erarbeiten.
6. Die logischen Abhängigkeiten identifizieren.
7. Lücken feststellen.
8. Jeder Aufgabe einen Verantwortlichen zuordnen.
9. Ressourcenbedingte Abhängigkeiten identifizieren. Alle Abhängigkeiten verifizieren.
10. Wenn die reine Arbeitszeit und die tatsächlich verstrichene Zeit übereinstimmen: den kritischen Pfad ermitteln (die Aufeinanderfolge derjenigen Aufgaben im Abhängigkeitsnetzplan, deren kumulative Dauer die kürzest mögliche Zeit von Projektstart bis Projektende definiert).
11. Den zeitlichen Spielraum ermitteln (indem man sich rückwärts rechnend durch den Abhängigkeitsnetzplan bewegt).
12. Eine detaillierte Risikoanalyse durchführen.

Nachdem Sie alle 12 Schritte erledigt haben und Ihr Plan steht, dürfen Sie eines nicht vergessen: Die Dinge ändern sich und manche Annahme wird sich als falsch herausstellen. Planung bleibt also während der gesamten Implementierungsphase eine der Schlüsselaufgaben, für die der Projektmanager verantwortlich ist.

# Glossar – Planungsvokabular

**Abhängigkeitsnetzplan**
Eine der möglichen Darstellungsmethoden für den Projektplan: Die Aufgaben werden durch Kästen, die zwischen den Aufgaben bestehenden Beziehungen durch Linien veranschaulicht.

**Analyse des kritischen Pfads**
Der Vorgang zur Ermittlung der kürzesten Route durch das Projekt und des zeitlichen Spielraums für die Aufgaben außerhalb des kritischen Pfads.

**Aufgabe**
Eine Arbeitseinheit, die das Tätigwerden einer Einzelperson oder Personengruppe erfordert, um ein definiertes Resultat zu erbringen. Sie kann aus mehreren Aktivitäten oder Subaufgaben bestehen.

**Deliverables**
Alle Einzelfaktoren (Grundlagen, Vorgänge etc.), die im Rahmen des Projekts geliefert oder produziert werden müssen, damit das Endprodukt entstehen kann.

**Gantt Chart**
Ein Balkendiagramm mit einer horizontalen Zeitachse, das die Dauer der einzelnen (untereinander geschriebenen) Aufgaben geometrisch darstellt.

**Histogramm**
Ein Balkendiagramm mit einer horizontalen Zeitachse, das die benötigten Ressourcen (z. B. Anzahl der Techniker) zu den verschiedenen Projektstadien geometrisch darstellt.

**Kritischer Pfad**
Die Aufeinanderfolge derjenigen Aufgaben im Abhängigkeitsnetzplan, deren kumulative Dauer die kürzest mögliche Zeit von Projektstart bis Projektende definiert.

**Meilenstein (= Checkpoint)**
Ein festgelegtes Datum oder ein Fixpunkt in einem Projekt, das im Regelfall mit einer Kontrolle des Fortschritts verbunden ist.

**Spielraum, zeitlicher**
Der Zeitraum, um den sich eine Aufgabe verzögern kann, ohne sich auf das Timing des Gesamtprojekts auszuwirken.

**Strukturplan zur Aufschlüsselung der Arbeiten (SAA)**
Eine komplette Aufschlüsselung aller Aufgaben, die erledigt werden müssen, damit die Deliverables zur Verfügung stehen. In seiner einfachsten Form eine schlichte Aufgabenliste. Bei größeren Projekten können größere Aufgaben in mehrere Unteraufgaben aufgebrochen und hierarchisch in mehreren Ebenen dargestellt werden.

**Strukturplan zur Aufschlüsselung der Deliverables (SAD)**
Eine komplette Aufschlüsselung sämtlicher Deliverables eines Projekts in logischer hierarchischer Anordnung.

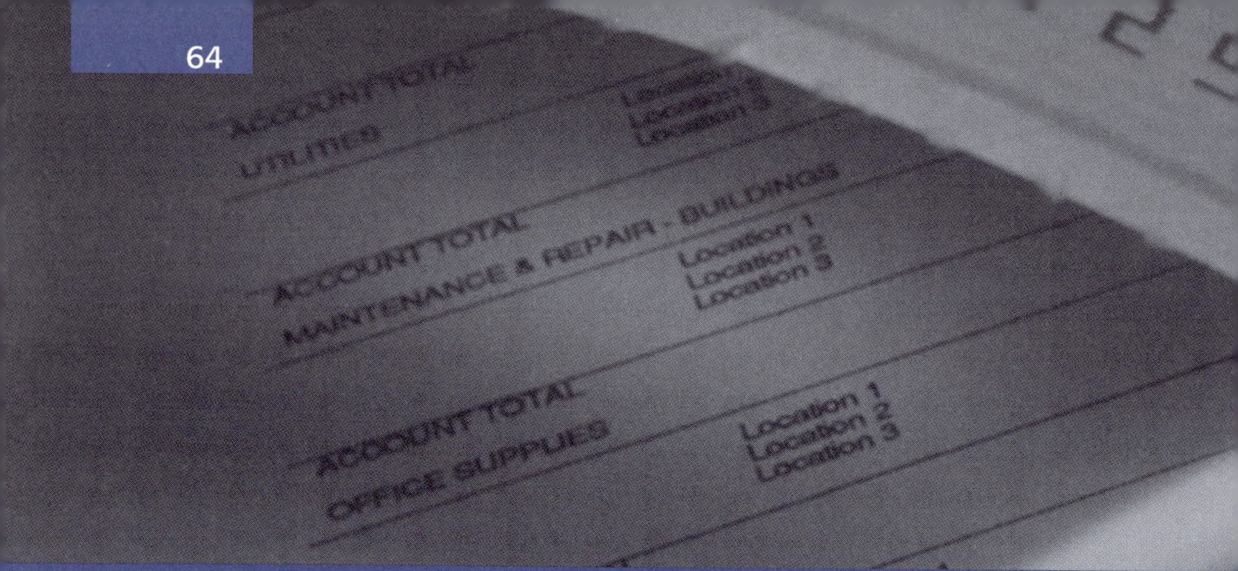


***Wie schaffe ich, dass sich jeder wohl fühlt?***

***Könnte ein anderer das hier tun?***

***Wer muss über Veränderungen Bescheid wissen?***

# 4

## *Das Team leiten*

## *Delegieren, wo immer es geht*

## *Das Projekt beständig auf den Fortschritt überprüfen*

## *Den Plan in die Tat umsetzen*

# Der Projektmanager als Einzelkämpfer

Wer in der Projektabwicklung auf sich allein gestellt ist, sieht sich häufig vor der folgenden Herausforderung: Da ist der Terminkalender bereits gespickt voll mit all den unvermeidlichen kurzfristigen Deadlines, die sich Tag für Tag neu ergeben – wo soll man genug produktive Zeit finden, um mit den Projektaufgaben voranzukommen?

## Setzen Sie sich ein tägliches Projektziel

Stellen Sie sicher, dass Sie Ihrem Projektziel jeden Tag zumindest einen Schritt näher kommen – ein kleiner Schritt ist besser als keiner.

## Verschaffen Sie sich Zeit

Schaffen Sie sich Freiräume für Ihr Projekt – regelmäßige Zeitblocks, die Sie zwei- oder dreimal pro Woche in Ihrem Terminkalender vormerken wie eine Besprechung.

## Gehen Sie Hindernissen aus dem Weg

Versuchen Sie, sich eine Räumlichkeit zu sichern, in der Sie ungestört und ohne Unterbrechung arbeiten können. Verbringen Sie im Vorfeld (sprich einige Tage, bevor Sie sich für Ihr Projekt zurückziehen werden) etwa zehn Minuten damit, sich darüber klar zu werden, welche Information Sie für die Projektarbeit benötigen werden. Unternehmen Sie alles Erforderliche, damit Ihnen diese Information dann auch zur Verfügung steht.

Ihre Abwesenheit vom regulären Arbeitsplatz könnte Probleme bereiten. Eventuell müssen Sie dafür sorgen, dass ein Kollege Ihr Telefon abnimmt und Unterbrechungen für Sie abwehrt. Planen Sie nach der »Projektzeit« eine gewisse Zeit für Rückrufe ein, damit Sie nicht ins Schleudern kommen, wenn es nach Ihrem Wiederauftauchen eine Reihe von Leuten telefonisch zu kontaktieren gilt.

## Heuern Sie ein Gewissen an

Finden Sie jemanden, der als Stimme Ihres Gewissens agiert. Ihre Wahl sollte auf jemanden fallen, der sich nicht davor scheut, Ihnen notfalls die Meinung zu sagen und Ihnen Dampf zu machen. Bitten Sie ihn (oder sie), in regelmäßigen Abständen den Fortschritt Ihres Projekts zu überprüfen.

**DEN FORTSCHRITT DES PROJEKTS SICHERSTELLEN**

- Setzen Sie sich ein tägliches Projektziel.
- Planen Sie in Ihrem Terminkalender Zeiten für das Projekt ein.
- Sorgen Sie für Rückendeckung durch einen Kollegen.
- Bitten Sie jemanden, Ihnen Dampf zu machen.

# Management eines Projektteams

Was einen guten Projektmanager ausmacht, ist letztendlich, dass er das geforderte Resultat liefert. Sind an Ihrem Projekt mehrere Personen beteiligt, wird der Erfolg nicht nur von irgendwelchen spezifischen technischen Fähigkeiten abhängen, die sie mitbringen müssen, sondern ebenso von Ihren Fähigkeiten im Umgang mit Menschen: Können Sie Teams bilden? Aufgaben delegieren? Andere motivieren?

## Ein Drahtseilakt

Die Rolle des Projektmanagers als Teamleader wird gut beschrieben in dem Buch *Functional Model of Leadership* von John Adair. Aus seinen Forschungen geht hervor, dass sich erfolgreiche Manager durch die Fähigkeit auszeichnen, eine Balance herzustellen zwischen

dem, was die Aufgabe verlangt (ein Resultat erzielen);

dem, was der Einzelne verlangt (klare Ziele vorgeben, motivieren, Feed-back liefern);

und dem, was das Team verlangt (die Kommunikation fördern; das Gefühl vermitteln, am gleichen Strang zu ziehen).

Adair betont, der Teamleader müsse zwar allen drei Funktionen nachkommen, jedoch werden sich manche seiner Aktivitäten auf mehr als nur einen Bereich auswirken. Indem er beispielsweise einzelnen Teammitgliedern Ziele setzt, kann der Projektmanager gleichzeitig die Erfolgsaussicht für eine Aufgabe steigern, den Einzelnen motivieren und Rollen innerhalb des Teams definieren. Wenn sich der Projektmanager aber umgekehrt auf nur einen Bereich konzentriert und die anderen Bereiche vernachlässigt, könnte dadurch letzten Endes der Erfolg des Projekts als Ganzes aufs Spiel gesetzt werden.

## Leitungsaufgaben im Projektverlauf

Die verschiedenen Phasen eines Projekts verlangen verschiedene Leitungsaufgaben. Die Tabelle auf den folgenden beiden Seiten bietet Ihnen Anregungen für die Aktivitäten, die der Projektmanager in der jeweiligen Phase in Betracht ziehen sollte, und zwar bezogen auf die genannten drei Bereiche: auf die Aufgabe, auf den Einzelnen, auf das Team.

| PHASE | DIE AUFGABE |
|---|---|
| DEFINITION | • Projektrahmen definieren – Besprechungen mit Abnehmer und Sponsor<br><br>Deliverable: Definitionsbericht |
| PLANUNG | • Aufgaben, Deliverables, Risiken, Meilensteine, Abhängigkeiten, Kosten und Verantwortlichkeiten planen<br><br>Deliverable: Projektplan und Budget |
| IMPLEMENTIERUNG | • Fortschritt kontinuierlich am Projektplan/-budget messen (Monitoring)<br>• den Plan abändern, wo es nötig wird<br>• Veränderungen am ursprünglich definierten Projektrahmen feststellen und dokumentieren<br>• Kontakt zu Abnehmer und Sponsor halten<br><br>Deliverable: Projekt-Deliverables |
| ÜBERGABE | • Erfüllung des Projektziels verifizieren<br>• offizielle Übergabeveranstaltung abhalten<br>• Gebrauchsanweisungen herstellen<br><br>Deliverable: fertiggestelltes Produkt |
| RÜCKSCHAU | • Projektrückschau durchführen; sich über die Lerneffekte einigen<br><br>Deliverable: Projektrückschaubericht (in angemessener Form) |

| DAS TEAM | DER EINZELNE |
|---|---|
| • dem Projekt einen Namen geben – er stellt für das Team einen Bezugspunkt dar<br>• ein »Teamaufbau«-Budget aushandeln | • überlegen, wen Sie gern für Ihr Projekt als Mitarbeiter gewinnen möchten; vorfühlen, ob die Betroffenen interessiert und verfügbar sind<br>• das »Planungsteam« einberufen |
| • vorbereitende Teambesprechungen abhalten, um Rollen und Grundregeln festzulegen<br>• einen Organisationsplan für das Projekt erstellen<br>• einen Terminkalender für das Team einrichten sowie ein Verzeichnis aller E-Mail-Adressen erstellen<br>• Termine für Lagebesprechungen vereinbaren | • Einzelne auswählen<br>• Aufgaben delegieren<br>• Defizite an Fertigkeiten identifizieren; persönliche Entwicklungsziele vereinbaren<br>• für jedes Teammitglied eine persönliche Akte anlegen |
| • alle Teammitglieder über den Fortschritt des Projekts auf dem Laufenden halten<br>• das Projektprofil durch Protokolle, Berichte und Briefings aufrechterhalten<br>• eventuelle Streitigkeiten beilegen<br>• neue Teammitglieder integrieren<br>• in regelmäßigen Abständen geselliges Beisammensein arrangieren | • den Fortschritt der anfänglich delegierten Arbeiten verfolgen<br>• weitere Aufgaben delegieren<br>• sofern nötig das Team aufstocken<br>• Einzelne trainieren und fördern<br>• Lagebesprechungen mit dem Einzelnen abhalten<br>• in angemessenem Rahmen Sozialkontakte zum Einzelnen pflegen |
| • das Team in die Übergabe mit einbeziehen<br>• bei Erfolg oder Misserfolg das Team repräsentieren<br>• Feed-back und (materielle oder verbale) Anerkennung an das Team weiterleiten | • in einer Nachbesprechung die einzelnen Leistungen würdigen; übereinkommen, welches Feed-back dem Geschäftsführer übermittelt wird<br>• Erfolg belohnen<br>• dem Einzelnen Dank aussprechen |
| • die Projektrückschau mit einem geselligen Beisammensein verbinden, um allen am Projekt Beteiligten Dank auszusprechen | • die persönliche Akte komplettieren mit einem Bericht über die gelernten Fertigkeiten bzw. gewonnenen Erfahrungen des Einzelnen und einer Empfehlung für die Zukunft |

# Die Kunst des Delegierens

Delegieren zu können ist für jeden Manager eine für Erfolg oder Misserfolg kritische Fähigkeit. Besonders heikel erweist sie sich im Zusammenhang mit einem Projekt, dessen Arbeitsgruppen temporären Charakter haben und dessen Autoritätsbeziehungen und Kompetenzbereiche nur undeutlich definiert sind. Ein Projektmanager kann auch vor der Herausforderung stehen, dass es sich bei dem einen oder anderen Teammitglied um einen Vorgesetzten handelt. Und er kann vor dem Problem stehen, dass man der meist längerfristigen Projektarbeit weniger Aufmerksamkeit widmet als sonstigen Aufgaben, deren Deadlines gerade Druck ausüben.

Beim Delegieren einer Aufgabe ist es wichtig, die Anfrage klar zu definieren und überzeugend vorzubringen, wenn sie von einem Kollegen, der ohnehin bereits mit anderen Dingen mehr als beschäftigt ist, akzeptiert werden soll.

## Delegieren Sie frühzeitig

Wenn irgend möglich, sollten Sie die Aufgabendelegation weit im Voraus planen und frühzeitig durchführen. Eine Deadline, die drei Wochen weg liegt, ist fast immer derjenigen vorzuziehen, die nur drei Tage entfernt ist. Beziehen Sie sich in erster Linie auf einen detaillierten Projektplan, wenn Sie sich Gedanken über die Aufgabendelegation ma-

**WAS BRINGT DAS DELEGIEREN?**

| für das Unternehmen | für den Projektmanager (der die Aufgabe delegiert) | für das Teammitglied (das die Aufgabe übertragen bekommt) |
|---|---|---|
| Durch Aufgabendelegation<br>• können die verfügbaren Ressourcen voll ausgeschöpft werden<br>• kann die vorhandene Expertise maximal zum Einsatz kommen<br>• erreichen Teamwork und Arbeitsmoral das höchste Niveau | Durch Aufgabendelegation<br>• erhält der Projektmanager den zeitlichen Freiraum, sich einen Überblick über das Projekt zu verschaffen<br>• wird sichergestellt, dass die Resultate von höchster Qualität sind<br>• wird die Arbeit schneller erledigt (durch gleichzeitig laufende Aktivitäten) | Aufgabendelegation<br>• ermöglicht es dem Teammitglied, neue Fertigkeiten zu erlernen oder zu praktizieren<br>• ermöglicht es dem Teammitglied, in wichtigeren Bereichen des Firmenbusiness mitzuarbeiten<br>• konfrontiert das Teammitglied mit neuen Situationen, die eine größere Herausforderung bedeuten |

chen; reservieren Sie sich aber das gesamte Projekt hindurch regelmäßig Zeit, um zu planen, was Sie wie und an wen delegieren wollen.
Sobald Ihnen bewusst ist, dass Sie etwas delegieren möchten, könnten Sie den Betroffenen darauf ansprechen und kurz umreißen, worum es geht. Vereinbaren Sie einen Termin mit ihm für ein Meeting, in dem er die Aufgabe formell übertragen bekommt.

## Das Meeting zur Aufgabendelegation

Bereiten Sie sich gründlich auf das Meeting vor, in dem Sie die Aufgabendelegation vornehmen wollen. Sorgen Sie dafür, dass Ihnen alle Informationen zur Verfügung steht, die Sie benötigen. Vergessen Sie vor allem nicht, Ihren Terminkalender mitzunehmen.
Nun gilt es sicherzustellen, dass derjenige, dem Sie eine Aufgabe oder Zustän-

### BLOCKADEN

Viele Projektmanager geben offen zu, dass sie weniger delegieren, als sie sollten. Entweder weil sie eine negative Einstellung zur Aufgabendelegation besitzen oder weil sie ganz einfach nicht wissen, wie und wann sie es tun sollten. Wenn es Ihnen schwer fällt zu delegieren, läuft alles darauf hinaus, dass Sie völlig überlastet sind, während Ihr Team unzufrieden wird, weil es nicht mit mehr Verantwortung betraut wird. Es ist also wichtig herauszufinden, was Sie vom Delegieren abhält. Eine Reihe der häufigsten Blockadefaktoren sind unten aufgelistet:

**Furcht**
- die Kontrolle zu verlieren
- Untergebene zu verärgern
- vor Versagen
- von fähigen Untergebenen in den Schatten gestellt zu werden

**Über-Enthusiasmus**
- Manchmal geben wir Aufgaben, die wir delegieren sollten, deshalb nicht aus der Hand, weil sie uns so verflixt viel Freude machen.

**Machtlosigkeit**
- Der Irrglaube, es gäbe niemanden, an den man etwas delegieren könnte. Machtlosigkeit ist in erster Linie eine Geisteshaltung.

**Schuldgefühle**
- weil man nicht früh genug delegiert hat
- weil man unangenehme Aufgaben weiterreicht

**Unsicherheit**
- Wer um seine eigene Position fürchtet, weigert sich häufig, eine Aufgabe zu delegieren – aus Furcht, nicht mehr gebraucht zu werden.

**Mangel an Bestimmtheit**
- Unerfahrene Manager lassen manchmal Möglichkeiten (des Delegierens) ungenutzt, weil sie ihnen Bestimmtheit abverlangen.

**Wenn Sie wollen, dass etwas für Sie erledigt wird, planen Sie Zeit ein, um die Ergebnisse zu prüfen. Merke: Die anderen tun nicht das, was Sie erwarten – sie tun, was Sie prüfen.**

digkeit übertragen, genauestens versteht, was Sie von ihm erwarten, und dass er sich dazu verpflichtet, sie auszuführen. Sie müssen erklären und vielleicht auch demonstrieren, was genau Sie benötigen – und bis wann. Ihr Mitarbeiter sollte Gelegenheit bekommen, Fragen zu stellen, beliebige Bedenken zu äußern und über Zeit, Qualität und Kosten zu verhandeln. Vielleicht müssen Sie ihn auch in einer neuen Fertigkeit schulen; wichtig ist, dass Ihr Mitarbeiter weiß, Sie sind dazu bereit! Das alles kostet freilich Zeit. Betrachten Sie das Meeting als eine Investition, die sich auf lange Sicht zweifelsohne auszahlt. Es gibt eine gute Methode, um sicherzugehen, dass Ihr Mitarbeiter Sie versteht und sich engagieren wird: Untergliedern Sie die Besprechung in zwei Abschnitte mit einer kurzen »Bedenkzeit« dazwischen.

1. Instruieren Sie Ihren Mitarbeiter.

2. Bitten Sie um Feed-back. Lassen Sie sich genau erklären, wie Ihr Mitarbeiter das Ziel versteht und welche Methode er anwenden wird, um es zu erreichen.

## Vereinbaren Sie Termine für Lagebesprechungen – und halten Sie sie ein

Ein Meeting zum Zweck einer Aufgabendelegation sollte niemals ohne Vereinbarung einer Deadline beendet werden; außerdem muss im Terminkalender beider Parteien ein Termin für zumindest eine Lagebesprechung notiert sein. Häufig werden Sie eine Reihe solcher Besprechungen anberaumen können und damit sich selbst Folgendes ermöglichen:

über den Fortschritt auf dem Laufenden zu bleiben und bei Bedarf die Richtung zu korrigieren;

die besten neuen Ideen herauszufischen;

Lob und Anerkennung auszusprechen;

sich auf Ihre augenblickliche Arbeit zu konzentrieren.

Auch wenn es den Anschein hat, Ihr Mitarbeiter werde wahrscheinlich gut zurechtkommen, sollten Sie Zeit für den Fall eines Falles einplanen. Vereinbaren Sie eine abschließende Lagebesprechung vor Ablauf der Deadline, damit Sie für eventuelle Korrekturen in letzter Minute noch Spielraum haben.

## Delegieren Sie Aufgaben mit einem fassbaren Resultat

Die Motivation ist größer, wenn man sagen kann: »Das habe ich getan!« Suchen Sie also nach Möglichkeiten, eine Arbeit im Ganzen zu delegieren. Das kann bedeuten, dass Sie Ihren Mitarbeiter einweisen oder ihm ein höheres Maß an Autorität zubilligen müssen.

## Rücken Sie dem anderen nicht ständig auf die Pelle

Fraglos sollten Sie zur Verfügung stehen, wenn man Sie braucht; aber widerstehen Sie der Versuchung, demjenigen, der Ihre Aufgabe erledigt, ständig auf der Pelle zu sitzen und jede seiner Bewegungen zu beobachten. Sie haben die Aufgabe an diesen Mitarbeiter delegiert, weil Sie ihm zutrauen, seine Sache gut zu machen und Ihnen Zeit zu sparen. Nicht nur, dass er sich ärgert, wenn Sie ständig um ihn herumscharwenzeln ... Sie könnten die Arbeit auch gleich selbst erledigen!
Die Triebfeder für solches Verhalten ist meist die Furcht, die delegierte Arbeit aus den Augen zu verlieren. Es gibt ein einfaches Heilmittel dagegen: Vereinbaren Sie die oben erwähnten Lagebesprechungen mit Ihrem Mitarbeiter.

## Das Werk ist getan

Akzeptieren Sie das Resultat, das man Ihnen präsentiert, sofern es den Anforderungen gerecht wird. Mäkeln Sie nicht kleinlich daran herum.
Wichtig: Jedes abschließende Feed-back, das Sie geben, muss spezifisch und begründet sein. Loben Sie in der Öffentlichkeit; kritisieren Sie unter vier Augen.

## Stil

In welcher Art Sie beim Delegieren vorgehen hängt stark von Kompetenz und Engagement dessen ab, der die Aufgabe übertragen bekommt. Je kompetenter und engagierter ein Mitarbeiter ist, desto weniger müssen Sie seine Arbeit kontrollieren. Wenn Sie das höchste Maß an Autorität delegieren, ermächtigen Sie Ihren Mitarbeiter, auf eigene Initiative zu handeln.

## Der ideale Stil

Fakt ist: Mit dem idealen Stil erreichen Sie auf zeitlich effizienteste Weise Resultate von höchster Qualität. Bei der Überlegung, welcher Stil des Delegierens für Sie ideal ist, sollten Sie sich folgende Fragen stellen:

Wie kompetent ist der Mitarbeiter, dem ich die Aufgabe übertragen will, in dieser speziellen Angelegenheit?

Wie steht er dem Erfolg der delegierten Aufgabe oder des Gesamtprojekts gegenüber? Welchen Anteil hat er daran?

Wie viel Initiative muss der Mitarbeiter in anderen Lebensbereichen ergreifen? (Jemand, der bereits an anderer Stelle ständig die Initiative ergreifen muss, lässt sich vielleicht ganz gern einmal sagen, was zu tun ist.)

**Geben Sie sich nicht mit Annahmen zufrieden. Fragen Sie im Zweifelsfalle lieber nach.**

**STILFORMEN DER AUFGABENDELEGATION**

| 1. »Tun Sie, was ich sage.« | 2. »Holen Sie meine Erlaubnis ein.« | 3. »Bitten Sie mich um Rat.« | 4. »Sagen Sie mir, was Sie getan haben.« | 5. »Machen Sie meinen Job!« |
|---|---|---|---|---|
| Diesen Stil wenden Sie dann an, wenn es um eine sofortige Aktion geht oder wenn Sie eine festgelegte Vorgehensweise erläutern, der es zu folgen gilt. | Hier bleibt die Kontrolle in Ihren Händen; doch Sie erwarten von Ihrem Mitarbeiter, dass er eigene Ideen entwickelt und Ihnen vorlegt. | Sie geben die Kontrolle ab in die Hände dessen, dem Sie die Aufgabe übertragen; doch bleiben Sie mit ihm in engem Kontakt und verfolgen mit Interesse, was der andere zu tun beabsichtigt. | Sie besitzen genug Vertrauen zu Ihrem Mitarbeiter, um ihm zu gestatten, Sie retrospektiv zu informieren. | Wenn Sie wirklich delegieren können, ist ihr ultimatives Ziel, dem Mitarbeiter die Aufgabe ganz zu übertragen.<br>Das Wissen, dass Sie bereit sind, so weit zu gehen, wirkt auf die Mitarbeiter häufig enorm motivationssteigernd.<br>Diese Stilform ist das Markenzeichen des guten Managers. |

# Projektinterne Kommunikation

Eine eminent wichtige Aufgabe des Projektmanagers ist, dafür zu sorgen, dass die Kommunikation sowohl innerhalb des Teams als auch zwischen den eigentlichen Projektmitarbeitern und der Stakeholder-Gruppe im weiteren Sinne funktioniert. Besonders trifft dies für die Implementierungsphase des Projekts zu.

Erarbeiten Sie während der Planungsphase eine Aufstellung über Stakeholder und Organisation Ihres Projektteams. Vergessen Sie nicht, das externe Team in Ihre Überlegungen einzubeziehen. Überprüfen Sie diese Übersicht während der Implementierung in regelmäßigen Abständen.

Nehmen Sie sich bei einer anfänglichen Zusammenkunft zum Zweck des Teamaufbaus die Zeit, sich über Häufigkeit und Form der Kommunikation innerhalb des Teams zu einigen. Wenn es kein Team gibt, müssen Sie dennoch festlegen, wie Sie mit dem Projektsponsor kommunizieren werden.

Wo es Sinn macht, besprechen und vereinbaren Sie, welche Information die maßgeblichen Stakeholder – vor allem die Endverbraucher – benötigen.

Protokollieren Sie jeden Beschluss oder jede Definition schriftlich, damit Sie später darauf zurückgreifen können.

Erstellen Sie ein Verzeichnis der E-Mail-Adressen für Ihr Projektteam und die Stakeholder.

## Aktives Zuhören

Der fähige Gesprächspartner ist in der Lage, die Welt durch die Augen der Person zu sehen, mit der er sich im Gespräch befindet. Diese Perspektive anzunehmen gelingt nur dann, wenn man die richtigen Fragen stellt und sich Zeit nimmt, den Antworten zuzuhören. Offene Fragen helfen Ihnen, die Ansichten der anderen zu erfassen; und indem Sie ihre Antworten präzise zusammenfassen, signalisieren Sie, dass Sie verstanden haben, auch wenn Sie möglicherweise nicht konform gehen.

**Gewöhnen Sie sich an, jede Projektaktivität mit folgender Frage zu beginnen: »Wer außer mir muss davon wissen?«**

### OFFENE FRAGEN

Fragen, die zu einer ausführlichen Antwort ermutigen, nennt man offene Fragen. Zum Beispiel:

- ? Welche Meinung haben Sie zu diesem Projekt?
- ? Warum wollen Sie diesen Teil des Projekts fremdvergeben?
- ? Wie werden Sie und Ihr Team während der letzten Projektphase miteinander Kontakt halten?
- ? Was meinen Sie: Wo liegen Ihre Prioritäten in den nächsten drei Wochen?
- ? Wann wird diese Aufgabe Ihrer Einschätzung nach abgeschlossen sein?

## Maßgeschneiderte Kommunikationsformen

So unterschiedlich die Umstände sein können, so unterschiedlich sind auch die bekannten Kommunikationsformen. Um zu entscheiden, wie Sie Ihre Botschaft am besten an den Mann bringen, sind Logik und Emotion zwei der wichtigsten Faktoren, die es in Betracht zu ziehen gilt.

## Wie geschieht Kommunikation?

Die Forschung hat nachgewiesen, dass die Kommunikation zu etwa 60 Prozent aus der Körpersprache besteht, zu 30 Prozent aus dem Tonfall unserer Stimme und zu lediglich 10 Prozent aus den geäußerten Worten. Das bedeutet: Am effektivsten kommunizieren wir im direkten Gespräch.

**DIE WAHL DER AM BESTEN GEEIGNETEN KOMMUNIKATIONSFORM**

| Hohe inhaltliche Komplexität | | Geringe inhaltliche Komplexität | |
|---|---|---|---|
| **geringe emotionale Komplexität** | **hohe emotionale Komplexität** | **geringe emotionale Komplexität** | **hohe emotionale Komplexität** |
| Beispiel: »Hier ist meine komplette Kundendatenbank.« | Beispiel: »Wir möchten, dass diese drei Änderungen am Projektrahmen durchgeführt werden.« | Beispiel: »Könnte ich bitte eine weitere Kopie dieses Dokuments bekommen?« | Beispiel: »Das Projekt wird nicht rechtzeitig fertig werden ...« |
| Vorschlag: Kommunizieren Sie schriftlich. Wird die Information dringend benötigt, benutzen Sie E-Mail oder Fax. | Vorschlag: Übermitteln Sie diese Nachricht im persönlichen Gespräch. Der andere wird zweifelsohne Fragen an Sie haben. Arrangieren Sie ein formelles Meeting. | Vorschlag: E-Mail ist hierfür ideal oder auch das Telefon. Verschwenden Sie keine Zeit damit, den anderen persönlich aufzusuchen (und zu unterbrechen!), es sei denn, Ihre Anfrage ist dringend. | Vorschlag: Am besten überbringt man eine solche Nachricht im persönlichen Gespräch, notfalls am Telefon. Muss sie schriftlich abgefasst werden, sollte ihr ein Ad-hoc-Meeting oder Anruf vorausgehen. |

# Lagebesprechungen zum Projekt

Ein Projekt sollte mit einer Besprechung zur Projektdefinition beginnen und mit einer Besprechung zur Projektrückschau enden. Des Weiteren sollten auch zwischenzeitliche Lagebesprechungen abgehalten werden.

Unabhängig davon, wie man sie bezeichnet, sind Lagebesprechungen ein unverzichtbares Instrumentarium für die Beobachtung und Beurteilung des Fortschritts sowie die Verteilung künftiger Aufgaben innerhalb des Teams. Dessen ungeachtet sieht man Lagebesprechungen oft mit Grauen entgegen und häufig genug kommt nichts weiter dabei heraus als Zeitverschwendung. Fast immer liegt dies daran, dass entweder der Besprechungsleiter oder die Teilnehmer mangelhaft vorbereitet sind.

## Vor der Besprechung

Die Vorbereitung ist sowohl für den Besprechungsleiter als auch für die Teilnehmer absolut unerlässlich. Angenommen, Sie sind der Besprechungsleiter: Eine halbe Stunde des Überlegens sollte normalerweise ausreichen, um die Zielsetzung der Besprechung zu definieren und sich darüber klar zu werden, was Sie von jedem einzelnen Teilnehmer erwarten. Dann können Sie festlegen, wie viel Zeit Sie für die Besprechung anberaumen müssen, was Sie dafür benötigen und wer anwesend sein muss.

Tragen Sie Sorge dafür, dass jeder Besprechungsteilnehmer rechtzeitig Bescheid weiß, welcher Beitrag zur Lagebesprechung von ihm erwartet wird. Seien Sie so spezifisch wie nur möglich. Lassen Sie sich nicht zu einer Besprechung mit einem »Standard-Themen-Repertoire« hinreißen – das Resultat wird in einem »Standard-Entschuldigungen-Repertoire« bestehen! Bereiten Sie eine Tagesordnung mit logischer Reihenfolge der Besprechungspunkte vor.

**Es ist kein Drama, wenn das Projekt nicht nach Plan läuft. Es ist ein Drama, wenn der Projektmanager nichts davon weiß.**

## Entwurf einer Tagesordnung

Zwei oder drei Wochen vor der Besprechung lassen Sie den Entwurf einer Tagesordnung herumgehen, der alle relevanten Informationen enthält. Bitten Sie um Kommentare oder Anregungen, die bis spätestens fünf Tage vor dem Sitzungstermin beim Besprechungsleiter eingehen sollten.

## Die endgültige Tagesordnung

Etwa zwei bis drei Tage vor der Lagebesprechung lassen Sie die endgültige Tagesordnung verteilen; diese enthält nunmehr alle Veränderungen gegenüber dem Entwurf und stellt eine Bestätigung der Termine sowie der Teilnehmerliste dar.

## Die Besprechung selbst

Versuchen Sie stets, Ihre Besprechungen pünktlich zu beginnen. Es ist nicht nur eine Frage der Achtung denjenigen ge-

**Checkliste für Lagebesprechungen**

**Vorbereitungen treffen**

**Informationen zusammentragen**

**die Besprechung steuern**

**Aufzeichnungen machen**

**Protokoll(e) erstellen**

genüber, die sich der Mühe unterzogen haben, zu erscheinen. Sondern Sie drücken damit auch dem Rest der Veranstaltung einen professionellen Stempel auf. Nennen Sie den Zweck der Besprechung und den Zweck jedes einzelnen Besprechungspunktes. Behalten Sie die Zeit im Auge und achten Sie darauf, dass es vorangeht.

Lassen Sie kein Geschwafel und keine Abweichung vom Thema zu und vermeiden Sie persönliche Angriffe. Scheuen Sie sich jedoch nicht, eine schlechte Leistung oder inakzeptables Benehmen beim Namen zu nennen.

Wiederholen Sie in Form einer Zusammenfassung, was gesagt wurde, um so sicherzustellen, dass Sie es richtig verstanden haben – wie auch die übrigen Anwesenden. Notieren Sie die Aktionen, die es zu unternehmen gilt, damit Sie sich im Fall irgendwelcher Missverständnisse auf Ihre Notizen berufen können. Übertragen Sie jede Aktion der Zuständigkeit eines der Anwesenden und vereinbaren Sie eine Deadline, die vor der nächsten Besprechung liegt. Vermerken Sie diese in Ihrem Terminkalender, damit Sie am Ball bleiben.

## Nach der Besprechung

Fertigen Sie das Protokoll innerhalb einer sinnvollen Frist an. Vielleicht finden Sie es hilfreich, bereits nach einem Tag ein »Aktionsprotokoll« herauszugeben: eine kurze Zusammenfassung der Arbeit, die getan werden muss.

Sofern nötig kann binnen einer Woche dem Aktionsprotokoll ein umfangreicheres Verlaufsprotokoll folgen. Keinesfalls dürfen die Protokolle den Adressaten erst kurz vor der nächsten Lagebesprechung zugänglich werden. Sie können jedoch eine zweite Kopie der Protokolle zusammen mit dem Entwurf der Tagesordnung für die nächste Besprechung zirkulieren lassen – denn erfahrungsgemäß erledigen die meisten Leute ihre Aufgaben entweder unmittelbar nachdem sie den Auftrag erhalten haben oder ganz kurz vor der Deadline.

Wo es angemessen scheint, sollten Sie persönlich darauf sehen, dass die protokollierten Aktionen tatsächlich abgearbeitet werden. Vielleicht in Form von Gesprächen zum Stand der Dinge, die Sie unter vier Augen mit den einzelnen Mitgliedern Ihres Teams führen.

## MUSTERENTWURF EINER TAGESORDNUNG

geladene Teilnehmer ______

Veranstaltungsort ______

Datum ______

Uhrzeit ______

Beginn ______

Ende ______

Zweck ______

Tagesordnungspunkt 1

Bezeichnung ______

Zweck ______

Vorbereitung ______

Ergebnis ______

zuständig ______

Zeit ______

Tagesordnungspunkt 2

Bezeichnung etc. ______

# Projektaufzeichnungen

**Ein Großteil der Information von Projektaufzeichnungen kann elektronisch aufbewahrt werden. Der Vorteil: Geringerer Platzbedarf und leichterer Zugriff für das gesamte Team.**

Als Projektmanager sind Sie womöglich verantwortlich für eine Fülle von Informationen über die laufenden Arbeiten. Die Kunst besteht nun darin, immer die richtige Information zur Hand zu haben, ohne sich den Arbeitsbereich von überflüssigem Papierkram zupflastern zu lassen.

In manchen Unternehmen wird durch ein Gütesystem exakt festgelegt, welche Information in welcher Form aufbewahrt werden muss. Ist dies in Ihrer Firma nicht der Fall, können Ihnen die folgenden Richtlinien eine Hilfe sein.

## SCHLÜSSELDOKUMENTE

Für jedes Projekt, unabhängig von seiner Größe, sollten Sie folgende Aufzeichnungen aufbewahren:

- Projektdefinitionsdokument
- Aufstellung über die Stakeholder
- Aufstellung über die Organisation Ihres Projektteams
- Kommunikationsplan
- Projektplan
- Risikoverzeichnis

Außerdem sind Sie wahrscheinlich im Besitz von

- Protokollen über sämtliche Lagebesprechungen
- Aufzeichnungen über Veränderungen
- persönlichen Akten zu allen Teammitgliedern

## PROJEKTAUFZEICHNUNGEN AUFBEWAHREN

- Legen Sie eine Projektakte oder ein ganzes Projektaktensystem an. Wichtig: Checkliste mit allen Aufzeichnungen, die darin enthalten sein sollten.
- Verwenden Sie farbiges Papier als Code, um Dokumente auf einen Blick identifizieren zu können.
- Misten Sie einmal im Monat Ihre Akte(n) aus und werfen Sie alle Informationen weg, die zwischenzeitlich überholt sind.
- Vermerken Sie auf jedem Dokument, das häufig revidiert oder aktualisiert wird, die Versionsnummer.
- Trennen Sie »Archiv-Information« von »Referenz-Information«. Zur Archiv-Information zählen zum Beispiel Sicherheitskopien von Dokumenten; sie wird bis zur abschließenden Rückschau aufbewahrt. Im Gegensatz dazu ist die Referenz-Information (z. B. der Projektplan) in ständigem Gebrauch. Durch die Trennung finden Sie leichter, was Sie suchen.
- Legen Sie eine Akte »Erledigen« an. Darin werden solche Dokumente – in chronologischer Reihenfolge – abgelegt, die eine spezielle künftige Aktion erfordern.

# Den Projektrahmen ändern

Jedes erfolgreiche Projekt ist auf eine klare Definition und einen soliden Plan gegründet. Dieser solide Plan ist nicht unverbrüchlich: Es kommt relativ häufig vor, dass er zur Überwindung unvorhergesehener Probleme abgeändert werden muss. Anders der Projektrahmen: Er sollte möglichst über die Dauer des Projekts unverändert beibehalten werden. Dennoch ist es manchmal notwendig oder wünschenswert, auch den Rahmen eines Projekts neu festzusetzen.

Gewährleisten Sie, dass wirklich jeder, der von der Änderung betroffen ist, unverzüglich davon in Kenntnis gesetzt wird. Und vergessen Sie nicht: Eine Änderung, die voraussichtlich negative Reaktionen hervorruft, sollte möglichst in einem persönlichen Gespräch oder zumindest am Telefon durchgesprochen werden.

**Vorsicht bei der Änderung des Projektrahmens: Eine lediglich wünschenswerte Eigenschaft gegen eine unverzichtbare Eigenschaft einzutauschen wäre ein schlechtes Geschäft!**

## Machen Sie es schwarz auf weiß

Änderungen am Projektrahmen sollten stets schriftlich mit dem Projektsponsor vereinbart werden. Indem Sie alles schwarz auf weiß festhalten, können Sie Missverständnisse ausschließen und im Detail über die Auswirkungen auf Zeit und Ressourcen nachdenken.
Nebenstehend finden Sie eine Auflistung der Punkte, die bei der Änderung des Projektrahmens berücksichtigt werden müssen. Vielleicht scheint Ihnen dieses Vorgehen unter manchen Umständen zu formell. Dann können Sie natürlich stattdessen die genannten Punkte in Form eines Briefs oder Memos protokollieren und dem Sponsor (vielleicht als E-Mail) zukommen lassen. Arbeitstechnisch verläuft eine Änderung des Projektrahmens genauso wie die ursprüngliche Festsetzung des Projektrahmens.

### FORMELLE ÄNDERUNGSANFRAGE

- Änderungswunsch (genaue Angabe) ____________
  eingereicht von ____________
- Grund für die Änderung ____________
- anzuwendende Methode ____________
  betroffene Personen/Mitarbeiter ____________
- Auswirkungen auf ____________

a) Qualität
1. Unverzichtbare Eigenschaften betroffen? ____________
2. Wünschenswerte Eigenschaften betroffen? ____________

b) Zeit ____________

____________

c) Kosten/Ressourcen ____________

- zusätzliche Information ____________
- Einverständniserklärung ____________
  Projektsponsor ____________
  Projektmanager ____________

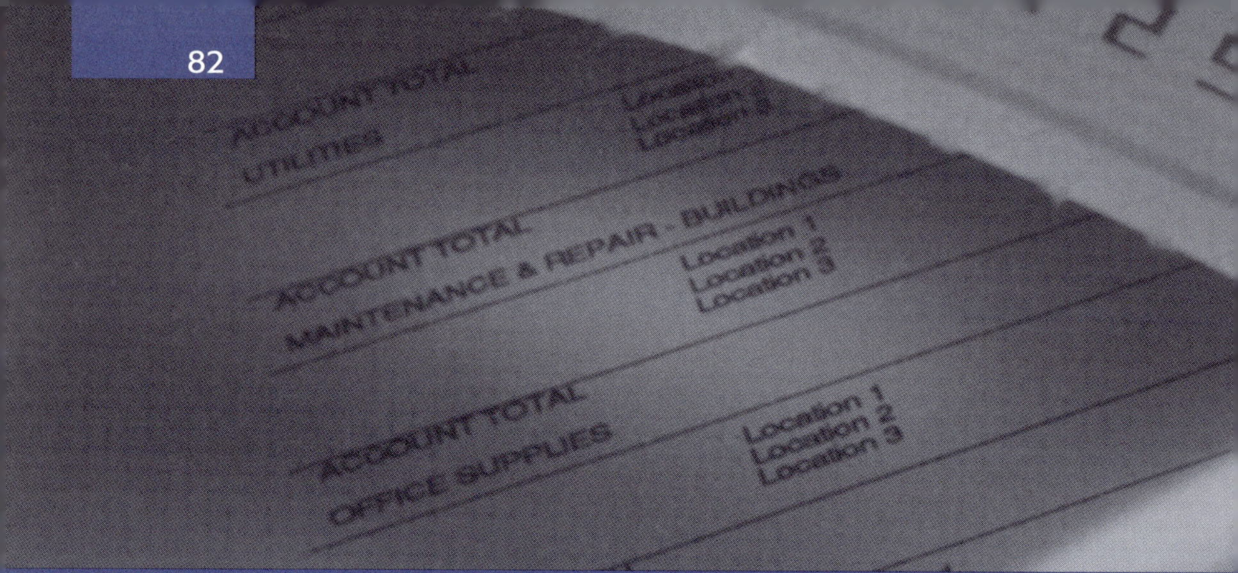


# *Wem wird das Projektresultat übergeben?*

# *Wann findet die Übergabe statt?*

# *Wie plane ich die Übergabe?*

# 5

## Die Stakeholder frühzeitig einbeziehen

## Erwartungen klären

## Die Endverbraucher informieren

## Den Erfolg feiern

# Handover

**Die Projektübergabe erfolgt am Ende des Projekts, doch Aktivitäten im Zusammenhang mit der Übergabe laufen von Anfang an.**

Die Übergabe markiert den Zeitpunkt, an dem die Verantwortung des Projektteams für die Entwicklung eines Produkts endet und dieses vollständig in die Hände der Endverbraucher übergeht. Rein praktisch gesehen erfordert der Vorgang der Übergabe gewisse Vorbereitungen auf beiden Seiten. Jedoch ist damit auch ein wichtiges psychologisches Moment verbunden, das der Projektmanager nicht ignorieren sollte.

## Bedeutung für das Projektteam

Ohne den klar definierten Punkt „Übergabe" kann es passieren, dass die Projektmitarbeiter in eine Art Vakuum hineingleiten und antriebslos werden. Häufig fühlen sie sich frustriert, weil ihr Bemühen nicht zur Kenntnis genommen, geschweige denn honoriert wird. Ein zweiter Aspekt: Bei großen und komplexen Projekten haben die einzelnen Projektmitarbeiter manchmal keine klare Vorstellung davon, was eigentlich geschaffen wurde – so lange, bis sie das Produkt bei der Übergabe an den Endverbraucher konkret vor Augen haben.

Schließlich besteht die Gefahr, dass ohne einen konkreten Übergabetermin die Projektmitarbeiter später von den Endverbrauchern mit Anfragen und Anliegen bombardiert und dadurch in ihrer Produktivität gehemmt werden; der bessere Rahmen für solche Fragen ist die offizielle Übergabe.

## Bedeutung für den Endverbraucher

Die Übergabe stellt für den Endverbraucher den Zeitpunkt dar, von dem an die Verantwortung für das, was produziert wurde, auf ihn übergeht. Im Normalfall bedeutet dies eine Veränderung der Arbeitsweise und das wiederum kann neue Fertigkeiten verlangen oder neue Verantwortung mit sich bringen. Menschen neigen dazu, auf Veränderungen negativ zu reagieren, selbst wenn sie erkennen, dass sie auf lange Sicht davon profitieren. Deshalb zielen alle Aktivitäten im Zusammenhang mit der Übergabe darauf ab, dem Endverbraucher bewusst zu machen, was er erwarten darf, und ihm die Unterstützung zu gewähren, die er für die Übergangsphase benötigt.

## Aktivitäten im Zusammenhang mit der Übergabe

Innerhalb des Projektzyklus ist die Übergabephase zwischen Implementierung und Rückschau angesiedelt; doch der Erfolg der Übergabe hängt von einem kontinuierlichen Strom von Aktivitäten ab, die bereits in der Definitionsphase beginnen und bis in die Implementierungsphase hinein geplant werden.

| KATEGORIE | WORUM ES GEHT | TYPISCHE AKTIVITÄTEN |
|---|---|---|
| **Engagement** | = frühzeitige Einbeziehung der Stakeholder, insbesondere der Endverbraucher, in die projektbedingte Änderung (z. B. ihrer Arbeitsweise), um so die Grundlage für eine erfolgreiche Übergabe zu schaffen<br>Die meisten Menschen werden gern in Änderungen einbezogen; dagegen neigen sie zu negativer Reaktion, wenn sie vor vollendete Tatsachen gestellt werden.<br>Tätigkeiten aus diesem Bereich finden typischerweise in der Definitionsphase statt. | • eine „Verkaufs"-Veranstaltung unter der Schirmherrschaft des Projektsponsors halten<br>• Meinungsforschung durchführen<br>• einen Prototypen erstellen, zu dem die Stakeholder Kommentare abgeben können<br>• alle geäußerten Bedenken anhören; Verbesserungsvorschläge in das Konzept integrieren |
| **Explanation** | = ein kontinuierlicher Dialog zwischen dem Projektteam und dem Endverbraucher während der gesamten Implementierungsphase<br>Der Endverbraucher sollte informiert werden, welches Produkt er erhalten wird, wann er es erhalten wird und welche Unterstützung man ihm für die Übergangsphase gewährt. Die Nutzeneffekte des Projekts sollten hervorgehoben, negative Begleiterscheinungen erkannt werden. Änderungen des Projektrahmens sollten dem Endverbraucher unverzüglich mitgeteilt werden. | • das endgültige Definitionsdokument zirkulieren lassen<br>• alle Änderungsberichte zirkulieren lassen<br>• Fortschrittsberichte als Resultate der Projekt-Lagebesprechungen zirkulieren lassen<br>• Management-Briefings<br>• Roadshows<br>• Plakat-Aktionen<br>• Intranet-Briefings |
| **Expectation Clarity** | = den Kunden wissen lassen, welche Veränderungen er bei Projektende erwarten darf, und ihm die Zuversicht vermitteln, dass er alle Unterstützung bekommen wird, die er braucht<br>Eine wichtige Rolle spielt das Timing. Liefert man die Information zu früh, wird sie wieder vergessen. Gut möglich, dass Sie diese Botschaft mehrfach wiederholen müssen, bis sie von allen Stakeholdern erfasst und behalten wird. | • Einführungs-Events veranlassen<br>• den Endverbraucher einweisen<br>• eine Anlaufstelle einrichten, an die sich die Endverbraucher mit ihren Fragen wenden können (help desk)<br>• Schritt-für-Schritt-Anleitungen bereitstellen |

# Fallstudie 1: Erfolglose Übergabe

**Ein Projekt kann noch so sorgfältig geplant und noch so lohnend sein – wenn man versäumt, die Stakeholder frühzeitig einzubeziehen, schmälert man damit möglicherweise den Erfolg.**

## Das Projekt

Als dem neuen Verkaufsdirektor erhöhte Verkaufsziele gesetzt wurden, beschloss er: All meine leitenden Angestellten sollen eine Schulung ihrer Fertigkeiten im zwischenmenschlichen Umgang erhalten. Er machte es zu seiner vorrangigen Aufgabe, ein bekanntes Verkaufsschulungs-Unternehmen auszuwählen und zu kontaktieren, und investierte eine beträchtliche Summe in fünf dreitägige Workshops, die zum Ende des ersten Quartals stattfinden sollten. Unverzüglich ließ er eine Liste mit den Daten herumgehen, damit sich jeder für einen der Workshops eintragen konnte. Es blieben zwei Monate bis zum Kursbeginn.

## Mangelndes Engagement

Eine Woche später stellte der Verkaufsdirektor fest, dass sich noch niemand in die Liste eingetragen hatte. Er schickte eine E-Mail heraus, um seine Leute an die erhöhten Verkaufsziele zu erinnern, und ermahnte sie, ihren bevorzugten Workshop-Termin zu nennen. Als sich nach einer Woche immer noch nichts getan hatte, ordnete er die Teilnehmer einfach willkürlich den Kursen zu.

## Das Ergebnis

Um herauszustreichen, welche Bedeutung er dieser Initiative beimaß, entschloss sich der Verkaufsdirektor, am ersten Workshop selbst teilzunehmen. Trotz dieser Maßnahme blieben vier von zwölf angemeldeten Personen der Veranstaltung fern. Und die Anwesenden verbrachten viel Zeit damit, Sinn und Relevanz der Schulung in Frage zu stellen. Am Ende des ersten Workshops empfahl das Schulungsunternehmen, die übrigen geplanten Workshops zu verschieben, bis man eine ordentliche „Beurteilung der Notwendigkeit" vorgenommen hätte. Widerstrebend sah der Verkaufsdirektor ein, dass er in den sauren Apfel beißen und den Vorschlag annehmen musste. Nicht nur, dass Zeit und Geld für den ersten Workshop zum Fenster hinausgeworfen waren, die Gebühr für die nächsten vier Workshops erhöhte sich auf Grund der Verschiebung und das gesamte Programm verzögerte sich um zwei Monate.

### ANALYSE

Weil der Verkaufsdirektor die Kurse im Alleingang initiierte, anstatt seine leitenden Angestellten zu Rate zu ziehen, interpretierten sie die Schulung als eine Kritik an ihren Fähigkeiten und konnten sich damit nicht anfreunden. Tragisch war, dass das Schulungsunternehmen im Gespräch mit dem Verkaufsstab genau die Mängel aufdeckte, die durch das Programm ursprünglich behoben werden sollten – Fertigkeiten im zwischenmenschlichen Umgang. Ein gut konzipiertes und lohnendes Projekt scheiterte, weil die Stakeholder nicht in die Planungsphase einbezogen worden waren.

# Fallstudie 2: Erfolgreiche Übergabe

## Das Projekt

Der IT-Manager einer mittelgroßen PR-Agentur wurde beauftragt, nach Möglichkeiten zu suchen, durch Nutzung der Technologie die Größe seines Teams zu reduzieren. Als Ursache hinter dieser Anfrage stand die Absicht, eine Bücherei- und Forschungsabteilung einzurichten, ohne den Mitarbeiterstab vergrößern zu müssen.

Der erste Schritt des Managers bestand darin, sich mit seinem Team zusammenzusetzen. Er erläuterte den Auftrag, der an ihn ergangen war, und bat um Vorschläge, in welchen Bereichen man ansetzen könnte. Während der Besprechung kam von ihm der Vorschlag, die Vermittlungsstelle zu modernisieren. Augenblicklich von drei Personen auf Dienstplan-Basis betrieben, ließe sich möglicherweise eine Alternative finden, die weniger Personal in Anspruch nähme. Verständlicherweise sahen die Telefonistinnen in diesem Vorschlag eine Gefährdung ihres Arbeitsplatzes.

## Engagement der Stakeholder

Im Lauf der nächsten zwei Monate lud der Manager mehrere Firmen ein, die Agentur zu besuchen und ihre Telefonsysteme zu erläutern; er achtete darauf, dass bei jedem Meeting mindestens eine der Telefonistinnen anwesend war. Nachdem alle in Frage kommenden Systeme vorgestellt waren, fragte er sie, welches davon das beste Preis-Leistungs-Verhältnis zu bieten hätte.

## Das Ergebnis

Zu seiner Überraschung entschieden sich die Telefonistinnen einhellig für ein System, das ihre Arbeit völlig überflüssig machte. Als sie der Manager darauf hinwies, stellte sich heraus, dass zwei der Telefonistinnen von sich aus bereit waren, die Arbeit aufzugeben, während die dritte eine andere für sie interessante Position innerhalb des Unternehmens ausfindig gemacht hatte. Tatsächlich konnte sie in der PR-Agentur bleiben und in einer neuen Funktion weiterarbeiten.

**ANALYSE**

Der IT-Manager bezog die Telefonistinnen in jeder Phase des Projekts mit ein. Dadurch machte er es ihnen schwer, sich gegen einen Plan zu stellen, der – global betrachtet – unbestreitbar sinnvoll war. Selbst wenn für die Telefonistinnen keine anderen Möglichkeiten verfügbar gewesen wären, hätte sich doch keine über ungerechte Behandlung beklagen können.

**Wird die Übergabe erfolgreich abgewickelt, werden die Endverbraucher sogar die eher unerfreulichen Veränderungen akzeptieren, die das Produkt mit sich bringt.**

# Übergabe-Checkliste

Damit die Übergabe Ihres Projekts ein Erfolg wird, sollten Sie, die folgenden Punkte beherzigen:

### 1. Definitionsphase

Erstellen Sie ein Modell oder einen Prototypen des Endprodukts für Ihre Endverbraucher.

Treffen Sie eine Vereinbarung darüber, wann damit gerechnet werden darf.

Erklären Sie, warum Sie das Projekt durchführen, und erläutern Sie die Nutzeneffekte des Produkts.

Erklären Sie, wie sich das Produkt auf die Endverbraucher auswirken wird (die dicken Hunde nicht verschweigen!).

Natürlich wird es von der Größe des Projekts abhängen, in welcher Weise Sie diese Punkte Ihren Endverbrauchern kommunizieren. Bei einem kleinen, firmeninternen Projekt kann sich die ganze Angelegenheit darin erschöpfen, dass Sie sich auf den Schreibtisch des anderen setzen und Ihren Vorschlag auf der Rückseite eines Briefumschlags skizzieren. Das andere Extrem wäre etwa eine Roadshow, die wiederum selbst ein so komplexes Event sein kann, dass sorgfältige Planung dafür erforderlich wird.

### 2. Planungsphase

Sehen Sie in Ihrem Plan Zeit und Geldmittel vor für Aktivitäten im Zusammenhang mit der Übergabe.

Planen Sie Fortschrittsbeobachtung mit interessierten Stakeholdern ein.

Setzen Sie einen Soll-Termin für eine (oder mehrere) Einführungsveranstaltung(en).

Sorgen Sie für die entsprechenden Räumlichkeiten und die erforderliche Geräteausrüstung.

Warnen Sie alle Beteiligten vor, sich Zeit für das Event freizuhalten.

Bei einem Langzeitprojekt können Sie als Soll-Termin möglicherweise nur das Jahr nennen, in dem Sie mit dem Projektabschluss rechnen. Das ist akzeptabel – vorausgesetzt, Sie belassen es nicht dabei, sondern legen während der Implementierung so bald als möglich einen präzisen Termin fest. Manche Projekte laufen phasenweise aus – das heißt, die Übergabe währt Monate oder sogar Jahre. Eine solche Situation kann Verwirrung heraufbeschwören. Stellen Sie sicher, dass wirklich jeder eindeutig weiß, womit er wann rechnen darf.

### 3. Implementierungsphase

Informieren Sie die Stakeholder über jede Veränderung, die sich für Produkt oder Einführungsdatum ergibt, so früh wie möglich.

Hören Sie sich die Hoffnungen oder Bedenken an, die Ihre Stakeholder mit dem Projekt verbinden.

Ihr Produkt wird Veränderungen bewirken, die aktives Handeln von Ihnen verlangen. Kümmern Sie sich darum! Finden Sie beispielsweise heraus, welche Hilfe jemand braucht, um positiv auf das Produkt zu reagieren.

Nehmen Sie sich Zeit, die Details der Übergabeveranstaltung zu planen und zu proben.

Nehmen Sie jede Gelegenheit wahr, um Ihr Projekt immer wieder neu zu erklären – Sie werden überrascht sein, wie schnell die Leute vergessen, worum es dabei geht, und wie schnell sie seine Bedeutung entweder von der Hand weisen oder überspielen. Der Projektmanager muss auch ein Manager der Erwartungen seiner Stakeholder sein, wobei er sich jedes verfügbaren Kommunikationsmittels bedient.
Vorsicht: Nehmen Sie sich selbst nicht zu wichtig. Aber hüten Sie sich auch davor, die Glaubwürdigkeit Ihres Projekts durch schnodderige oder zynische Bemerkungen über seine Erfolgsaussichten zu untergraben.

## 4. Übergabephase

Prüfen Sie Ihr Produkt unter Einbeziehung des Sponsors und der Endverbraucher.

Erstellen Sie Unterlagen und überprüfen Sie ihre Eignung.

Erarbeiten und testen Sie ein Schulungsprogramm, das dem Endverbraucher die erforderlichen Kenntnisse vermittelt, um die Projektergebnisse zu interpretieren und anzuwenden.

Planen Sie die Übergabeveranstaltung(en).

Veranstalten Sie eine Feier für das Projektteam.

Lösen Sie das Projektteam wieder auf.

Geben Sie sämtliche Projektausstattung, -materialien und -betriebsstoffe zurück oder entsorgen Sie sie.

Rufen Sie eine Anlaufstelle ins Leben, an die sich die Endverbraucher dauerhaft wenden können, wenn sie Fragen haben oder Hilfe benötigen.

Ihr Projekt mag nach objektiven Maßstäben noch so erfolgreich sein – ob es vom Publikum als erfolgreich betrachtet wird, hängt sehr stark davon ab, wie die Übergabe durchgeführt wird. Bedenken Sie auch, dass es zwei Zielgruppen gibt: die Endverbraucher und das Projektteam. Sie müssen auf die Bedürfnisse von beiden Gruppen eingehen.

**Auch im Falle einer graduellen Übergabe sollten Sie sich stets Gedanken machen, wie Sie die Ergebnisse Ihrer Arbeit präsentieren wollen. Der erste Eindruck hat viel Gewicht und ein wenig Bühnenkunst kann viel bewirken.**

# Den Erfolg feiern

Den Abschluss großer Sportereignisse bildet für gewöhnlich die Verleihung einer Siegestrophäe. Angesichts der Emotionen, die in dem Augenblick der Verleihung sichtbar werden, wäre es ein verzeihlicher Fehler anzunehmen, die Trophäe sei wichtiger als der eigentliche Sieg, selbst wenn sie nur geringen materiellen Wert besitzt oder wieder zurückgegeben werden muss.

Als Manager eines Teams, das ein erfolgreiches Projektergebnis geliefert hat, müssen Sie sich Gedanken machen, wie Sie diesen Erfolg feiern und würdigen können. Selbst bei Projekten mit mäßigem Erfolg – es sind eben Fehler passiert und etliche Lektionen waren zu lernen (das ist übrigens bei der Mehrzahl der Projekte der Fall!) – gibt es immer etwas, das man feiern kann. Wenn

**FALLSTUDIE**

Auf dem Höhepunkt der Unruhen in Nordirland marschierte eine Truppe von 45 Männern der britischen Armee im Rahmen eines Noteinsatzes in West Belfast ein. Viereinhalb Monate lang lebten diese Männer auf engstem Raum zusammen und machten ihren Job, der sowohl anstrengend als auch gefährlich war. Sie wurden in eine Reihe von Zwischenfällen verwickelt, von Ausschreitungen bis hin zu Schießereien. Es wurde jedoch keiner getötet und außer einigen leichten Kratzern und Blutergüssen gab es keine Verletzungen zu beklagen. Und jeder freute sich darauf, zu Angehörigen und Freunden nach Hause zurückzukehren.

In der Woche vor dem geplanten Abzug schlug der Kompaniefeldwebel vor, die Truppe sollte nach der Rückkehr in die Stammkaserne noch zusammen ein Grillfest feiern, bevor sie sich in alle Winde zerstreute. Das bedeutete für die Männer eine zusätzliche Nacht Kasernenleben und im ersten Moment waren sie nicht sehr begeistert von dieser Idee. Trotzdem wurde sie durchgezogen und alle hatten ihren Spaß daran (wenn sich auch im Nachhinein die wenigsten erinnern konnten!).

In den folgenden Monaten war bei den Leuten dieser Truppe ausnahmslos eine hohe Arbeitsmoral zu beobachten – im Gegensatz zu ihren Kameraden aus anderen Truppen, wo die Arbeitsmoral deutlich schwankte. Man führte dies darauf zurück, dass diese Soldaten noch damit beschäftigt waren, für sich herauszufinden, ob der Einsatz nun eigentlich erfolgreich und lohnend gewesen war. Das Grillfest hingegen hatte ein markantes Zeichen gesetzt: Wir haben unsere gemeinsame Erfahrung erfolgreich hinter uns gebracht.

Sie das außer Acht lassen, könnten Sie und Ihr Team die Folgen zu spüren bekommen. Wie Sie den Abschluss eines Projekts angehen, hängt natürlich von den Umständen und Ihrem persönlichen Stil ab.

## Ideen, wie man Erfolg feiern kann

Für welche Art des Feierns Sie sich entscheiden, hängt letztlich von der Größe des Projektteams, dem verfügbaren Budget und dem Charakter des Projekts ab. Die folgende Liste stellt eine Reihe von kreativen Ideen zusammen, die ich Projektmanagern abgeguckt habe. Wofür Sie sich auch entscheiden: Seien Sie sich stets bewusst, dass es allen Erfahrungen zufolge immer die persönliche Note ist, die am meisten geschätzt wird.

Schaffen Sie innerhalb des Projektbudgets einen kleinen Fonds für Feierlichkeiten, der je nach dem finanziellen und zeitlichen Stand des Gesamtprojekts aufgestockt oder beschnitten werden kann. Suchen Sie einen Zuständigen für die Sparte „Vergnügen", der darüber entscheidet, wie das Geld am Ende des Projekts verwendet wird.

Überreichen Sie den Teammitgliedern einen gravierten Schmuckgegenstand für den Schreibtisch. Danken Sie damit für die Teilnahme am Projekt. Es muss sich dabei nicht um etwas Teures handeln.

Lassen Sie ein Gruppenbild des Teams anfertigen und verteilen Sie es am Ende des Projekts.

Rahmen Sie ein geeignetes Stück des Projektplans für jedes Teammitglied und fügen Sie einen handschriftlichen Kommentar hinzu.

Geben Sie eine Karikatur des Teams in Auftrag; nehmen Sie hierzu Ihre Erinnerungen an bezeichnende Situationen, die Sie mit jedem Einzelnen erlebt haben, in Anspruch. Schenken Sie jedem Teammitglied eine Kopie der Karikatur.

Schreiben Sie (von Hand!) einen persönlichen Dankesbrief an jedes Teammitglied. Unterziehen Sie sich der Mühe, jeden Brief individuell zu formulieren, denn Briefe werden häufig ausgetauscht …

Lassen Sie jedem Teammitglied eine Flasche Sekt mit einigen passenden Zeilen nach Hause schicken.

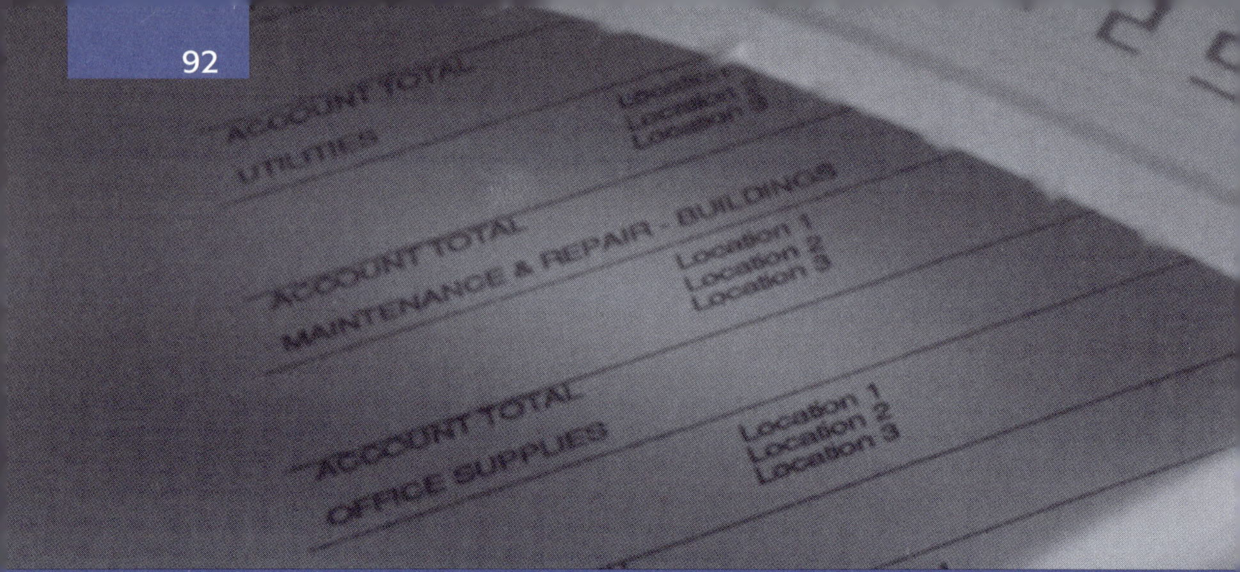


***Was ist passiert und warum?***

***Was kann ich daraus lernen?***

***Welche Empfehlungen kann ich formulieren?***

# 6

## Lernsysteme entwickeln

## Gute Leistungen loben

## Aus Fehlern lernen

## Erkenntnisse und Ergebnisse bekannt machen

# Die letzte Phase im Projektzyklus

Jedes Projekt sollte als Gelegenheit wahrgenommen werden, zu lernen – unabhängig davon, ob es ein Erfolg war oder nicht. Zu diesem Zweck gibt es die Rückschauphase. In diesem Kapitel soll erklärt werden, warum es sich lohnt, Zeit für eine Rückschau zu verwenden; ferner werden Sie einige praktische Tipps erhalten, wie Sie aus Ihrer Investition an Zeit und Energie die höchstmögliche „Rendite" herausschlagen können.

## Wann findet die Rückschau statt?

Die Rückschauphase schließt sich der Übergabe an; sie ist die letzte Phase des Projektzyklus. Dessen ungeachtet kann es sich als notwendig erweisen, regelmäßig jeweils bei Erreichen eines Meilensteins eine Rückschau abzuhalten, um zu lernen und das Gelernte unverzüglich in die Implementierung einzubringen.

## Die Rückschau durchführen

Sie und Ihr Team werden von einer Rückschau umso mehr profitieren, je gründlicher Sie die Sache angehen (das gilt für die abschließende Rückschau ebenso wie für jede zwischenzeitliche).

Denken Sie im Detail über alles nach. Sie müssen sich fragen: Was *genau* ist passiert? Beschaffen Sie sich notfalls (d. h., wenn Sie diese Frage nicht klar beantworten können) sämtliche verfügbaren Aufzeichnungen und sonstigen Nachweise und studieren Sie alles sorgfältig. Danach nehmen Sie sich die Zeit, um zu einem ausgewogenen Urteil zu finden.

Seien Sie neugierig. Fragen Sie sich, warum solche Dinge passiert sind. Aus der Antwort lässt sich erschließen, ob es sich um einen einmaligen Fauxpas handelte; wenn nicht, wird Ihnen die Antwort helfen, Gegenmaßnahmen für die Zukunft abzuleiten.

Gehen Sie das Projekt bzw. den Projektabschnitt von Anfang bis Ende durch. Stellen Sie Fragen etwa von der Art: „Wer wird bis wann was tun, damit ein Lernprozess gewährleistet ist?" Und: „Genügt es, die vorhandenen Ressourcen anders einzusetzen, um unser Arbeitsverfahren in der erforderlichen Weise zu ändern, oder müssen wir neue Kapazitäten schaffen?"

## Wozu die Rückschau gut ist

**1. Herauszufinden, welche Dinge gut liefen und warum**

Es geht bei der Rückschau nicht nur um eine Art Fehlersuche und -analyse. Wenn ein bestimmter Ansatz gut funktioniert hat oder ein Leistungserbringer oder Subunternehmer hervorragende Arbeit geliefert hat, sollte dies für künftige Projekte vermerkt werden.

**2. Die Wiederholung von Fehlern zu vermeiden**

Es gibt kein Projekt, in dem keine Fehler passieren, und häufig sind diese Fehler beim ersten Mal nicht vorhersehbar. Indem man sich in der Rückschauphase die nötige Zeit nimmt und nachvollzieht, was geschehen ist, erhält man einen Einblick, der einem andernfalls verwehrt bleibt. Dadurch lassen sich diese Fehler in der nächsten Runde sowohl vorhersehen als auch vermeiden.

**3. Die Mitglieder des Projektteams zu motivieren**

Jeder möchte gern wissen, was er geleistet hat, besonders wenn er große Anstrengung in ein Projekt gesteckt hat. Die Rückschauphase sollte deshalb eine Zusammenfassung der Leistung jeder einzelnen Person einschließen. Solange Sie Information in rechter Weise sammeln und weitergeben, werden Sie feststellen, dass man die Projektrückschau als eine ausgezeichnete Möglichkeit betrachtet (besonders von Seiten der Vertragspartner), die Vita oder die Referenzmappe zu bereichern. Außerdem: Jeder Einzelne wird sich wahrscheinlich mehr anstrengen, wenn bekannt ist, dass jedes Versagen überprüft und aufgezeichnet wird.
Letzterer Effekt kommt natürlich nur dann zum Tragen, wenn Sie bereits von vornherein ankündigen, dass jede Leistung am Ende des Projekts bewertet wird. Lassen Sie Ihre Teammitglieder wissen, nach welchen Kriterien die Bewertung erfolgen soll, welche Form das Feed-back haben wird – und wer außer Ihnen noch diese Information erhalten wird.

**4. Ideen für weitere Projekte hervorzubringen**

In der Rückschauphase sollte sowohl der Verlauf als auch das Ergebnis des Projekts unter die Lupe genommen werden. Während der Arbeit am Projekt ist den Teammitgliedern vielleicht aufgefallen, dass manche Punkte durch das Projekt nicht richtig abgedeckt wurden oder dass es noch andere Bereiche gibt, die ein ähnliches Projekt benötigen würden. Deshalb fungiert die Rückschau häufig als Katalysator für die Entstehung von Nachfolgeprojekten.

# Die Schaffung einer Lernkultur

**Sofern es in Ihrem Unternehmen formelle Statuten zur Unternehmenskultur gibt, ist darin wahrscheinlich auch ein Passus zum Thema „Lernen" enthalten, ein Appell, das Eingeständnis von Fehlern zu fördern und offen für neue Ideen zu sein. Aber Kultur beschränkt sich nicht auf ein paar Worte, die auf einem Blatt Papier festgehalten sind. Kultur ist, wie wir uns in unserem Umfeld benehmen.**

Sie sind als Projektmanager dafür verantwortlich, solches Verhalten zu ermutigen und zu formen, das das Lernen fördert.

**1. Erforschen Sie den Wert von Beobachtungen und Vorschlägen**
Seien Sie immer bereit, über die Idee eines anderen nachzudenken. Unterbreitet Ihnen ein Mitglied Ihres Teams eine Idee, die so nicht umsetzbar ist, sollten Sie ihm durch gezielte Fragen helfen, seine Idee auszufeilen. Ist dies nicht möglich, erklären Sie ihm, warum. Wenn Sie einen Vorschlag ablehnen müssen, sollten Sie völlig klar machen, dass Sie nicht den Denkprozess ablehnen. Die Ablehnung bedeutet dann nicht automatisch eine Entmutigung.

**2. Geben Sie Ihren Leuten den Freiraum, Fehler zu machen**
Seien Sie bereit, kalkulierbare Risiken einzugehen, wenn Sie jemandem für das Projekt eine bestimmte Verantwortung übertragen; ermutigen Sie auch Ihren Mitarbeiter, dieses Risiko einzugehen. Helfen Sie dort, wo die Rechnung nicht aufgeht, eine Wiederholung des Fehlers zu vermeiden.

**3. Geben Sie Ihre eigenen Fehler zu**
Manche Projektmanager glauben, keine Fehler machen zu dürfen, und wenn ihnen doch ein Fehler unterläuft, vertuschen sie ihn. Lernen kann unter diesen Umständen nicht stattfinden. Wenn jemand lügt, um einen Fehler zu kaschieren, besteht de facto sogar die Gefahr, dass falsche Lektionen gelernt werden. Lassen Sie Ihre Leute wissen, dass Ihnen gelegentlich etwas daneben geht, und sie werden keine Angst haben, die eigenen Fehler zuzugeben.

**4. Zeigen Sie Begeisterung, wenn Sie etwas Neues lernen dürfen**
Auch hier geht es darum, Ihrem Team ein Beispiel zu geben. Wenn Sie vorgeben, alles zu können und zu wissen, werden Ihre Leute denken, auch sie müssten alles können und wissen – voneinander zu lernen würde dann bedeuten, sich eine Blöße zu geben.

**5. Lassen Sie andere mit Ihren Ideen arbeiten**
Die Lernkultur eines Unternehmens erreicht dann das höchste Niveau, wenn jeder offen ist für Ideen, ohne danach zu fragen, woher sie kommen. Gehen Sie mit gutem Beispiel voran: Begrüßen Sie Ideen, die eine Weiterentwicklung Ihrer eigenen Ideen darstellen. Sie werden sehen: Ihr Beispiel wird Schule machen.

# Lernsysteme

Wenn es kein Verfahren gibt, um die aus der Projektrückschau gezogenen Informationen zu speichern und weiterzuleiten, bleibt der Wert einer Projektrückschau begrenzt.

## Was versteht man unter einem Lernsystem?

Ein Lernsystem muss drei Funktionen gerecht werden:

die richtigen Informationen sammeln

sie in gut zugänglicher Form aufbewahren

sie an die richtigen Leute weitergeben

## Informationen sammeln

Zu jedem beliebigen Zeitpunkt während des Projekts können Lernprozesse stattfinden und der Projektmanager sollte sie aufzeichnen. Manche Projektmanager setzen gerne „gelernte Lektionen" auf die Tagesordnung jeder Projektbesprechung, damit die Teammitglieder erläutern können, was sie gelernt haben und wie die anderen daraus für die Zukunft profitieren können.
Die abschließende Rückschau bei jedem Projekt in Form einer Besprechung oder einer ganzen Besprechungsreihe statt. Die Protokolle dieser Besprechungen bilden das Herzstück eines Projektrückschauberichts.

## Informationen aufbewahren

### Archivinformationen

Darunter versteht man Informationen, die man vielleicht irgendwann einmal benötigt, um Vorgänge der Vergangenheit zu rekonstruieren, die aber für die Zukunft von geringer Relevanz sind.

### Referenzinformationen

sind alle Informationen, die für künftige Projekte relevant sein könnten. Sie sollten gut zugänglich aufbewahrt werden (hinsichtlich Ort und Form).

### Informationen über Handlungsbedarf

Bei der Projektrückschau kann sich herausstellen, dass bestimmte Handlungen notwendig sind, dass etwa Veränderungen durchgeführt werden müssen. Solche Aufgaben sollten unmittelbar einer bestimmten Person übertragen und mit einer Deadline versehen werden.

## Die Informationen weiterleiten

Ein effektives Lernsystem muss dafür sorgen, dass die Mitarbeiter von dem neu verfügbaren Wissen erfahren. Es ist die Verantwortung des Projektmanagers, die Ergebnisse der Rückschau zu publizieren. Vielleicht muss er auch seine Leute mehrmals an das Vorhandensein neuer Informationen erinnern, damit sie diese wirklich registrieren.

**In den meisten Unternehmen ist man sich nur eines Bruchteils der eigentlich vorhandenen Informationen bewusst.**

# Fallstudie: Lernsysteme

Die große jährliche Konferenz fand bereits zum sechsten Mal statt, als Enda in das Vorbereitungsteam aufgenommen wurde. Dieses Team hatte den Konferenzraum herzurichten und für den äußeren Rahmen der Veranstaltung zu sorgen. Trotz seiner beträchtlichen Erfahrung in diesem Bereich hielt sich Enda sehr im Hintergrund. Da er nicht der Projektleiter war und die etablierten Führungspersönlichkeiten nicht verärgern wollte, tat er ausschließlich, worum er gebeten wurde, und äußerte sich nur, wenn er gefragt wurde.

## Informationen sammeln

Nach außen hin unauffällig, notierte Enda in einem kleinen Notizbuch, das er ständig in seiner Brusttasche hatte, sämtliche im Team ablaufenden Aktivitäten: wann etwas getan wurde, wer es tat, welche Materialien verwendet wurden.

Am Ende der Konferenz fand das übliche De-Briefing für das Projektteam statt. Enda zückte sein Notizbuch und unterbreitete eine Reihe von Verbesserungsvorschlägen; die meisten davon wurden bereitwillig aufgegriffen.

## Gelerntes anwenden

Im nächsten Jahr wurde Enda zum Manager des Vorbereitungsteams ernannt. Auf Grund der Umstände hatte das Team einen Tag weniger für die Erledigung der Arbeiten zur Verfügung. Außerdem wurde die Ton- und Beleuchtungsanlage mit Verspätung geliefert. Dennoch schafften es Enda und sein Team dank der Aufzeichnungen aus dem letzten Jahr, die Vorbereitung pünktlich und kostengünstiger abzuschließen.

## Die Früchte des guten Beispiels

Dass Enda einen klaren Nutzen aus seinen Aufzeichnungen über die Reihenfolge der Einzelaktivitäten gezogen hatte, blieb seinem Team nicht verborgen. Die meisten begannen, innerhalb ihres eigenen Verantwortungsbereichs ähnlich vorzugehen. Es gelang ihnen, viele Möglichkeiten ausfindig zu machen, die Ressourcen besser auszuschöpfen – Möglichkeiten, die sonst niemandem aufgefallen wären.

# Würdigung individueller Leistungen

Die Projektrückschau stellt eine ausgezeichnete Gelegenheit dar, die Leistung des Einzelnen zu würdigen. Der Projektsponsor sollte dem Projektmanager Feed-back geben und dieser den Mitgliedern seines Teams. Die beste Form für die Wertung individueller Leistungen ist die Diskussion; vielleicht möchten Sie aber auch einen schriftlichen Bericht formulieren.

## Umgang mit individuellen Beurteilungen

Ähnlich wie im Fall der Subunternehmer heißen die Teammitglieder vermutlich eine formelle Leistungsrückschau zum Projektende als eine Möglichkeit zur Bereicherung ihrer Vita willkommen. Geben Sie ein klares Urteil ab, wie Sie ihren Beitrag zum Projekt betrachten, wie gut sie ihn erfüllt haben und ob sie neue Fertigkeiten entwickelt haben. Natürlich kann es auch vorkommen, dass Sie ein negatives Feed-back geben müssen; dann ist sensibles Vorgehen angesagt. Im Folgenden einige Tipps:

### PERSÖNLICHES FEED-BACK

- **Setzen Sie bei Projektbeginn klare Lern- und Leistungsziele**
  Eine aussagekräftige Rückschau muss von einer aussagekräftigen Zielsetzung eingeleitet werden.
- **Vereinbaren Sie Form, Distribution und Zeitpunkt jedes Feed-back**
  Wenn Sie beabsichtigen, das Feed-back schriftlich zu geben, sollten Sie von vornherein klarstellen, dass dies der Fall sein wird.
- **Übermitteln Sie negatives Feed-back dem Betroffenen persönlich**
  Geben Sie negatives Feed-back nie an einen Dritten weiter (etwa an den Abteilungsleiter Ihres Projektmitarbeiters), ehe der Betroffene selbst Bescheid weiß.
- **Formulieren Sie das Feed-back so, dass es ausgewogen, spezifisch und nachvollziehbar wird**
  Wenn es irgend möglich ist, wählen Sie den Dialog. Sie werden oft feststellen, dass der andere einen tieferen Einblick in die Geschehnisse hat als Sie selbst.
- **Belohnen Sie Erfolg in angemessener Weise**
  In manchen Fällen ist das positive Feed-back Belohnung genug; aber gelegentlich wird es nötig sein, es durch etwas konkretere Maßnahmen zu bekräftigen – etwa eine Beförderung oder eine Gratifikation.

# Projektrückschau – was ist alles zu tun?

## Halten Sie die abschließende Projektrückschau, sofort nach der Übergabe

Für gewöhnlich erhalte ich auf diesen Rat hin die Antwort, das sei unrealistisch oder gar unmöglich. Aber je länger Sie eine Rückschau hinauszögern, desto wahrscheinlicher wird, dass Sie relevante Fakten und Informationen vergessen. Planen Sie die Rückschau deshalb schon bei der Übergabe.

Vorsicht: Eine Rückschau direkt im Anschluss an die Projektübergabe schließt nicht eine zweite Rückschau zu einem späteren Zeitpunkt aus, etwa um die Empfehlungen zu verifizieren oder zu korrigieren, nachdem sich der aufgewirbelte Staub gelegt hat. Doppelte Anstrengung? Nein. Sie sparen sogar Zeit, weil Sie bei der ersten Rückschau noch alles frisch im Gedächtnis haben und schneller zu Schlussfolgerungen gelangen.

## Nehmen Sie sich Zeit für die Planung der Tagesordnung

Bei kleineren Projekten kann die Tagesordnung so einfach aussehen:

Was ist gut gelaufen?

Was ist schief gelaufen?

Was würden wir jetzt anders machen?

Was muss getan werden?

Komplexere Projekte kommen damit natürlich nicht aus. Die Checkliste auf Seite 102 beinhaltet viele der Fragen, die Sie vielleicht stellen müssen.

## Beziehen Sie alle Stakeholder mit ein

Bei der Projektrückschau sollten die Meinungen aller Beteiligten zum Tragen kommen. Diesem Anspruch stehen die praktischen Einschränkungen von Zeit und Verfügbarkeit gegenüber. Vergessen Sie jedoch keinesfalls, die Meinung des Abnehmers bzw. der Endverbraucher einzuholen. Bei kommerziellen Projekten bedarf es einiger Überlegungen, wie man an diese Meinung herankommen kann. Häufig ist es einfacher, wenn der Projektsponsor sich Feed-back über die alltägliche Anwendung des Projektresultats erbittet. Ist ein höheres Maß an Objektivität verlangt, werden Sie sich vielleicht zur Durchführung einer formellen Marktforschung über einen unbeteiligten Dritten entschließen.

## Seien Sie objektiv, aber sensibel

Die Fehler beim Namen zu nennen kann bei unsensiblem Vorgehen heftige Emotionen hervorrufen. Eine Projektrückschau darf nicht zur Hexenjagd ausarten. Um ein offenes Gespräch zu ermöglichen, sollten Sie klarstellen, dass negatives Feed-back nicht nach außen weitergetragen wird. Häufig empfiehlt es sich, Wortlaut und Weitergabe der Lehren, die man aus Fehlern gezogen hat, mit denen abzustimmen, denen die Fehler unterlaufen sind.

## Zeichnen Sie Ihre Erkenntnisse und Empfehlungen kurz und bündig auf

Beim Schreiben Ihres Rückschauberichts sollten Sie an den Leser denken: Fassen Sie sich so kurz wie möglich.

Gibt es auf Grund der Größe und Komplexität des Projekts viel zu schreiben, sollten Sie den Bericht so strukturieren, dass sich der Leser schnell einen Überblick verschaffen und dann lediglich die für ihn relevanten Details heraussuchen kann.

Vielleicht scheint es Ihnen sinnvoll, anstatt eines Gesamtberichts mehrere Teilberichte zu erstellen, damit die Adressaten nicht von einer Fülle von Informationen erschlagen werden, die für sie unerheblich sind. Typisch ist die folgende Form: ein Hauptdokument mit mehreren Dokumenten als Anhang.

Das Hauptdokument enthält in diesem Fall die wichtigsten Empfehlungen für die Durchführung künftiger Projekte. Es wird überall im Team und unter den maßgeblichen Stakeholdern verteilt.

Die Dokumente im Anhang können sich entweder im Detail zu jeder der einzelnen Empfehlungen äußern oder auch ein ausführlicheres Feed-back über bestimmte Einzelpersonen oder Abteilungen liefern. Im letzteren Falle ist es angebracht, die Anhangsdokumente jeweils nur den angesprochenen Personen bzw. Abteilungen auszuhändigen.

## Besprechen Sie Ihre Empfehlungen mit dem Projektsponsor

Vielleicht zeigt der Sponsor von sich aus Interesse, sich aktiv am Rückschauprozess zu beteiligen. Wenn nicht, sollten Sie zumindest versuchen, die Erkenntnisse und Ergebnisse mit ihm durchzusprechen, bevor Sie sie einem größeren Publikum zugänglich machen.

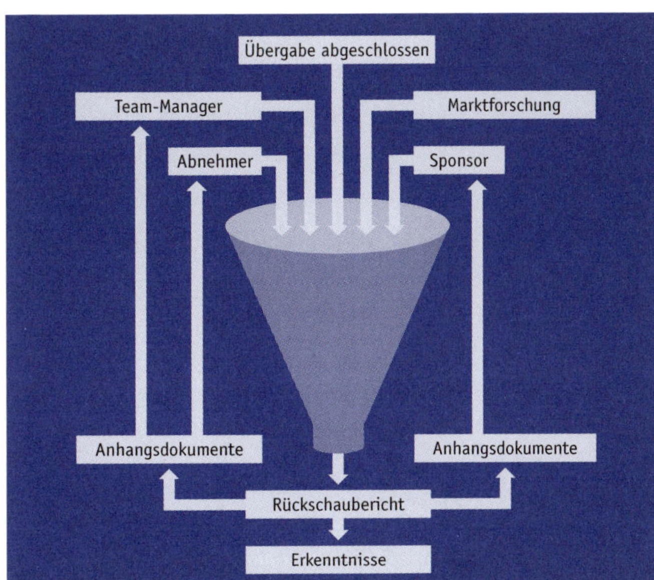

# Checkliste Projektübergabe

## 1. Zeit

Wie gut wurde der Zeitplan eingehalten?

Welche Abweichungen ergaben sich?

Gab es Bereiche, auf die wir mehr Zeit hätten verwenden sollen?

Was haben wir über Zeitplanung gelernt?

## 2. Kosten

Wie dicht blieben die Projektkosten am Budget?

Was kostete mehr/weniger als erwartet?

Gab es Bereiche, auf die wir mehr Geld hätten verwenden sollen?

Können wir künftig genauer budgetieren?

## 3. Qualität

Erfüllte das Projekt gemäß seiner Definition die Spezifikation des Abnehmers?

Wie können Spezifikationen in Zukunft präziser dokumentiert werden?

## 4. Personen

Haben die Mitarbeiter ihre Rollen verstanden?

War jemand nicht ausgelastet? Oder überlastet?

Wie gut war die Zusammenarbeit unter den Mitarbeitern?

Haben wir innerhalb des Teams die Rollen richtig verteilt bzw. die Fertigkeiten richtig eingesetzt?

Erfüllte das Verfahren zur Fortschrittsmessung seinen Zweck zur Zufriedenheit?

Hat sich im Zusammenhang mit Personen etwas ereignet, woraus wir lernen können?

## 5. Kommunikation

Waren die Mitarbeiter über den Fortschritt des Projekts ausreichend informiert?

Wenn die Mitarbeiter irgendwelche Probleme hatten – haben sie diese schnell mitgeteilt?

Wurden irgendwelche Teammitglieder oder Stakeholder bei der Kommunikation vergessen?

Wie könnte bei einem künftigen Projekt ähnlicher Art die Kommunikation verbessert werden?

**6. Technologie**

Welche neue Technologie kam in diesem Projekt zum Einsatz?

Wie hätte man durch Technologie-Einsatz zu einem glatteren Projektverlauf beitragen können?

**7. Methodik**

Liefen die Phasen der Projektdefinition und Projektplanung erwartungsgemäß?

Welche neuen Werkzeuge und Techniken wurden entwickelt?

Welche Verbesserungen könnten von Nutzen sein?

Wie funktionierte das Verfahren zur Beobachtung und Kontrolle von Veränderungen?

Waren Abnehmer und Endverbraucher mit der Übergabe restlos zufrieden?

**8. Externe Leistungserbringer**

Wie gut arbeiteten die externen Leistungserbringer?

Was können wir aus dem lernen, was uns als Feed-back über unser Verhalten ihnen gegenüber erreichte?

Was haben wir als Resultat unserer Geschäftsverbindung gelernt?

**9. Insgesamt**

Wenn ich die Chance hätte, das Projekt noch einmal durchzuführen – was würde ich anders machen?

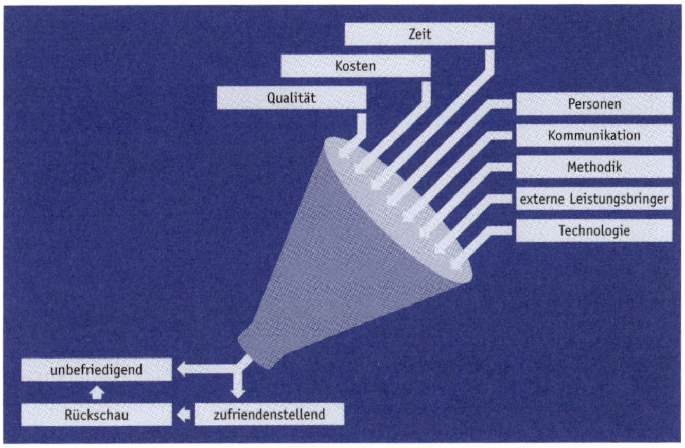

# Stichwortverzeichnis